普通高等学校规划教材

隧道工程专业毕业设计指南

黄 锋 主 编
刘礼标 林 志 副主编

人民交通出版社股份有限公司
北 京

内 容 提 要

本书基于最新的行业标准和规范进行编写,目标是让读者学会山岭隧道工程设计的基本方法,掌握隧道工程设计中的主体结构计算原理和设计要求。本书共分12章,主要内容包括:毕业设计要求与准备,毕业设计说明书书写及制图要求,山岭隧道的总体设计,山岭隧道洞门结构设计,山岭隧道衬砌结构设计,山岭隧道防排水设计,山岭隧道通风与照明设计,山岭隧道内路基与路面设计,山岭隧道附属设施设计,山岭隧道施工组织设计,山岭隧道环境保护设计,其他内容编写要点。

本书可作为各类大专院校土木工程相关专业的高年级学生毕业设计指导用书,也可作为相关专业研究生和科研人员的参考用书。

图书在版编目(CIP)数据

隧道工程专业毕业设计指南/黄锋主编. —北京:
人民交通出版社股份有限公司, 2019.9
ISBN 978-7-114-15823-0

Ⅰ.①隧… Ⅱ.①黄… Ⅲ.①隧道工程—毕业设计—高等学校—教学参考资料 Ⅳ.①U45

中国版本图书馆 CIP 数据核字(2019)第 190922 号

Suidao Gongcheng Zhuanye Biye Sheji Zhinan

书　名：	隧道工程专业毕业设计指南
著 作 者：	黄　锋
责任编辑：	周　凯　郭红蕊
责任校对：	孙国靖　魏佳宁
责任印制：	张　凯
出版发行：	人民交通出版社股份有限公司
地　　址：	(100011)北京市朝阳区安定门外外馆斜街 3 号
网　　址：	http://www.ccpress.com.cn
销售电话：	(010)59757973
总 经 销：	人民交通出版社股份有限公司发行部
经　　销：	各地新华书店
印　　刷：	北京密东印刷有限公司
开　　本：	787×1092　1/16
印　　张：	11.25
字　　数：	273 千
版　　次：	2019 年 9 月　第 1 版
印　　次：	2019 年 9 月　第 1 次印刷
书　　号：	ISBN 978-7-114-15823-0
定　　价：	35.00 元

(有印刷、装订质量问题的图书由本公司负责调换)

前　言

随着我国公路、铁路和城市轨道交通等行业的迅速发展,社会对隧道工程专业人才的需求与日俱增。而本科毕业设计在人才培养中具有非常重要的作用,毕业设计指南是完成毕业设计的重要参考资料。《公路隧道设计规范　第一册　土建工程》(JTG 3370.1—2018)作为行业标准,于2019年5月1日起施行,但大多数既有隧道工程参考资料还未及时根据新规范的内容进行更新,并且还缺乏专门针对隧道工程专业编写的毕业设计指导教材。为此,本次编写的《隧道工程专业毕业设计指南》教材,将结合最新的行业标准和规范,重点介绍典型公路隧道的结构设计和施工方法,是一本与时俱进的隧道工程专业本科毕业设计参考书。本书的目标和任务是让读者学会山岭隧道工程设计的基本方法,通过完成本毕业设计,使读者能够灵活运用本科所学的专业课程知识和掌握的工程实践经验,在满足本科毕业要求的同时,实现隧道理论和工程能力方面的提升。

本教材共分12章,主要内容包括:第一章,毕业设计要求与准备;第二章,毕业设计说明书书写及制图要求;第三章,山岭隧道的总体设计;第四章,山岭隧道洞门结构设计;第五章,山岭隧道衬砌结构设计;第六章,山岭隧道防排水设计;第七章,山岭隧道通风与照明设计;第八章,山岭隧道内路基与路面设计;第九章,山岭隧道附属设施设计;第十章,山岭隧道施工组织设计;第十一章,山岭隧道环境保护设计;第十二章,其他内容编写要点。其中,教材第一章至第五章、第十章由黄锋编写;第六章、第十一章、第十二章由刘礼标编写;第七章至第九章由林志编写。全书由黄锋主编。

在教材编写过程中,研究生董广法、周洋参与了相关资料的收集和整理工作;此外,本书得到了人民交通出版社股份有限公司的大力支持和帮助,在此一并感谢!

由于编写水平有限,教材中难免存在疏漏或不足之处,敬请读者批评指正。

编　者
2019年5月

目　　录

第一章　毕业设计要求与准备 ··· 1
　第一节　毕业设计基本要求 ··· 1
　第二节　毕业设计内容及工作进度计划 ······································· 3
　第三节　毕业设计准备工作 ··· 5
第二章　毕业设计说明书书写及制图要求 ······································· 9
　第一节　设计说明书编写要求 ··· 9
　第二节　工程制图基本格式要求 ·· 12
第三章　山岭隧道的总体设计 ·· 16
　第一节　隧道工程位置与选线 ·· 16
　第二节　隧道平面线形设计 ·· 18
　第三节　隧道纵断面设计 ·· 19
　第四节　隧道横断面设计 ·· 21
第四章　山岭隧道洞门结构设计 ·· 29
　第一节　隧道洞门的位置选择 ·· 29
　第二节　隧道洞门的方案比选 ·· 31
　第三节　隧道洞门的结构设计 ·· 35
　第四节　隧道洞门的稳定性验算 ·· 37
第五章　山岭隧道衬砌结构设计 ·· 44
　第一节　隧道复合式支护结构设计 ·· 44
　第二节　隧道二衬结构安全系数的计算方法 ·································· 46
　第三节　隧道二衬结构的数值计算 ·· 49
　第四节　隧道施工稳定性的数值分析 ·· 64
　第五节　特殊地质条件下隧道辅助施工措施 ·································· 74
第六章　山岭隧道防排水设计 ·· 79
　第一节　隧道防排水要求与依据 ·· 79
　第二节　隧道工程排水构造设计 ·· 80
　第三节　隧道工程防水构造设计 ·· 82
第七章　山岭隧道通风与照明设计 ·· 90
　第一节　隧道工程运营交通量需求 ·· 90
　第二节　隧道工程运营通风设计 ·· 91
　第三节　隧道工程运营照明设计 ··· 101
第八章　山岭隧道内路基与路面设计 ··· 111

第一节　路面与路基结构设计 …………………………………………… 111
　　第二节　道路排水设计 …………………………………………………… 114
　　第三节　道路路面铺装(施工) …………………………………………… 115
第九章　山岭隧道附属设施设计 ………………………………………………… 118
　　第一节　隧道内交通工程设计 …………………………………………… 118
　　第二节　设备及检修附属设施设计 ……………………………………… 118
　　第三节　隧道内防护与装饰 ……………………………………………… 119
　　第四节　隧道消防设施设计 ……………………………………………… 119
第十章　山岭隧道施工组织设计 ………………………………………………… 124
　　第一节　隧道施工准备及施工场地布置 ………………………………… 125
　　第二节　隧道施工安排及施工顺序 ……………………………………… 127
　　第三节　特殊条件下的隧道施工措施 …………………………………… 128
　　第四节　隧道施工进度安排 ……………………………………………… 130
　　第五节　隧道施工监控量测方案 ………………………………………… 136
第十一章　山岭隧道环境保护设计 ……………………………………………… 141
　　第一节　隧道施工期间的环境保护 ……………………………………… 141
　　第二节　隧道运营阶段环境保护 ………………………………………… 142
第十二章　其他内容编写要点 …………………………………………………… 143
　　第一节　毕业设计说明书其他内容 ……………………………………… 143
　　第二节　毕业实习及报告撰写 …………………………………………… 143
　　第三节　毕业设计答辩及评分 …………………………………………… 144
　　第四节　毕业设计文档提交 ……………………………………………… 145
附录 A　常用计算参考数据 …………………………………………………… 147
附录 B　混凝土性能参数 ……………………………………………………… 148
附录 C　钢材性能参数 ………………………………………………………… 150
附录 D　不同等级围岩物理力学参数 ………………………………………… 157
附录 E　ANSYS 台阶法开挖模拟命令流 …………………………………… 158
参考文献 ………………………………………………………………………… 173

第一章 毕业设计要求与准备

毕业设计是大学本科教学的最后一个重要环节,也是最重要的教学环节之一,是高等学校技术科学与工程技术专业的应届毕业生在毕业前接受课题任务,进行实践的过程及取得的成果。

毕业设计是本科期间一项重要的教学实践活动,是对学生基本知识、基本理论和基本技能掌握与提高程度的一次全面考核,同时也可以使学生综合运用所学知识独立分析问题和解决问题的能力得以提升。尤其是对于土木工程专业的学生来说,他们更需要锻炼自己的实践能力。经过三年半的学习,学生大都已掌握了公共基础课、专业基础课和专业课的许多理论知识。但如何运用这些理论知识去解决工程实际问题,却往往是他们的弱项。毕业设计阶段,既是所学理论知识巩固深化过程,也是理论与实践相结合的过程。毕业设计是培养学生综合运用所学基本理论知识和基本技能,去解决实际问题和进一步提高运算、制图以及使用技术资料的能力,是完成工程技术和科学技术基本训练的重要环节。通过隧道工程毕业设计,可以让学生对隧道工程的设计有更深刻的了解,在亲自设计中,找到自己对隧道工程所学知识的不足,并对本科专业的学习起到很好的总结与巩固作用,还可使学生受到成为土木工程师前所必需的综合训练,最终相应地提高各种能力,如调查研究、理论分析、设计计算、绘图、试验研究、技术经济分析、组织、撰写论文和说明书等,培养实事求是、谦虚谨慎、刻苦钻研、勇于创新的科研态度和科学精神。经过严格的毕业设计训练,大学生走上工作岗位后,可以较快地适应工作,这对以后的工作学习大有好处。

第一节 毕业设计基本要求

毕业设计并不是要学生进行随意设计,而是要严格依照规范和工程实际施工的要求进行合理设计,从而得出正确的、符合工程实际的设计成果。在亲自设计中,学生可以掌握隧道设计施工的基本理论和设计原则,熟悉从设计到施工的全过程,包括设计线路的比选、洞门位置及结构形式的选择和施工开挖方法的比选等。在隧道工程毕业设计中,可以逐渐巩固知识,为以后的工作奠定坚实的基础,比如在隧道主体结构尺寸绘制过程中,学生要学会手工绘图与计算机绘图软件 AutoCAD 绘图相结合,培养学生的绘图能力;在隧道主体结构验算中,要学会利用 ANSYS、MIDAS GTS 等相关专业计算机软件来进行验算,培养学生上机操作能力;在整个设计过程中,学生要不断地查阅规范以及相关的设计资料,从而要求学生要有收集和查阅相关规范及专业资料的能力,培养学生独立分析、解决实际问题的能力,为以后从事隧道及其他相关工程设计工作奠定良好的基础。

一、毕业设计的目的

学校开展毕业设计的主要原因是想让学生在亲自设计中查缺补漏,把大学所学的专业知识融会贯通,为以后就业做好准备。学校开展毕业设计的具体目的如下:

(1)使学生进一步巩固、加深对所学基础理论、基本技能和专业知识的掌握,使之系统化、综合化。

(2)初步训练学生从事科研工作的能力,培养学生的独立工作、独立思考和综合运用已学知识解决实际问题的能力,尤其注重培养学生独立获取新知识的能力。

(3)培养学生的设计计算、工程绘图、实验方法、数据处理、文件编辑、文字表达、文献查阅、计算机应用、工具书使用等基本工作实践能力,使学生初步掌握科学研究的基本方法。

(4)使学生树立符合国情和生产实际的正确设计思想和观点;树立严谨、负责、实事求是、刻苦钻研、勇于探索、具有创新意识、善于与他人合作的工作作风。

二、隧道工程毕业设计的要求

学生在进行毕业设计时,必须从实际出发,把它当作一项真正的工程设计来锻炼自己,不能随意设计参数,设计必须按照规范规定进行,故进行隧道工程毕业设计时的一些具体要求如下:

(1)隧道设计应从全局出发,综合考虑公路的总体功能、土地资源、生态环境、可持续发展的要求,充分保证隧道主体结构稳定可靠,避免运营期间病害的发生。在设计中应贯彻以人为本的交通服务宗旨,坚持安全至上的设计原则,树立全寿命周期成本的设计理念。

(2)公路隧道总体设计应符合交通规划、环境保护和自然景观的要求,满足公路交通服务功能。隧道设计车速、建筑限界、净空断面等由隧道所在路段公路等级和技术标准确定。

(3)隧道设计应综合考虑区域内人文环境、地形、地貌、地质与地质灾害、水文、气象、地震、交通量及其组成,以及营运和施工条件,进行多方案的技术、经济和环保比选。

(4)隧道位置的选择应在地形、地貌、地质、气象、社会人文和环境调查的基础上,综合比选各轴线方案的走向、平纵线形、洞口位置等。

(5)隧道内平、纵线形应协调,以满足行车的安全、舒适要求。

(6)隧道应根据所处地质条件、周边环境等,合理确定断面设置形式和适应于地层特性及环境要求的施工方法。

(7)隧道是公路工程的重要组成部分,隧道设计应贯穿于整个公路建设工作的全过程。

(8)隧道通风、防灾等与交通量有关的设施,应按隧道的设计通行能力控制设计。但是当隧道设计交通量小于其设计通行能力一半以上时,可采用隧道设计交通量控制设计,节约投资。

(9)隧道设计应根据结构类型、施工方法、使用条件和荷载特性,采用与其特点相适宜的设计理念与方法,结合现场监控量测实现信息化设计和动态设计。

(10)隧道设计应贯彻国家有关技术经济政策,积极推广新技术、新材料、新设备、新工艺;应在设计中提出保障施工作业人员安全和预防生产安全事故的措施建议。

第二节　毕业设计内容及工作进度计划

一、毕业设计的选题

为了达到毕业设计的教学目的,除了要求指导教师具有丰富的教学经验,能充分调动学生的积极性外,毕业设计课题的选择也是非常重要的,毕业设计的选题关乎整个设计的成功与否。隧道工程毕业设计更具有实践性,应结合工程建设的实践选题、应结合生产实际和科学研究课题选题。所选课题要有代表性、科学性,深浅适度,既要有利于巩固课堂所学的知识,也要符合我国现在隧道工程发展方向。这些课题要根据国家基本建设的要求,依据隧道工程界对人才的需求,着重培养学生成为具有较宽广的基础知识的工程专业人才。隧道工程毕业设计选题时应改变以往本科教育面比较狭窄,只注重单一专业人才培养的状况,使得培养对象能面向未来人才市场的需要,面对整个国际市场的挑战,这就要求毕业设计的选题要具有一定的综合性,能够包含目前隧道工程发展的主要路线,为学生以后从事隧道工程专业的工作提供帮助。

毕业设计是一项实践性很强的工作,应结合工程设计、施工及科学研究、科学试验的实践选题,尽可能做到真题真做。隧道工程由于需要埋置于地下,受地质条件、水文条件的影响较大,故应根据当地的地质、水文情况进行隧道设计,并根据当地的实际情况确定好自己设计的方向以及实施的可能性。

毕业设计的选题要具有针对性,要结合教学大纲和学生培养目标进行选题,为了适应市场经济需求,新的教学计划对专业基础课和专业课做了大量调整,这对培养出满足土木工程建设需要的全面发展的人才十分必要。因为人才市场随国家的形势变化,在不同地区和不同部门有不同的需求。所谓针对性,就是针对社会主义市场经济对土建人才的需求,及时输送面向现代化、面向21世纪的社会主义建设人才。毕业设计应尽量因人而异,结合毕业生将来从事的工作,针对新的工作岗位上将要用到的知识内容,区别对待,做到有的放矢,这样可以充分调动学生的学习积极性。

毕业设计选题要有科学性。选题深浅程度要适中,既要求知识面广,又要在某一方面有一定的深度。选题要考虑尽可能用到前三年所学的基础力学、数学、外语和专业课知识,使所学理论知识得以加深巩固。毕业设计选题还要比一般课程设计深一些,要求毕业生综合应用所学的理论知识,在老师指导下经过努力,有一定的突破和提高。对于一个工程设计,要在时间安排上恰如其分,使学生参加最重要、最精彩的阶段,如初阶段方案的选定、施工图阶段的结构计算和施工图设计等。

1. 课题的来源
(1)指导教师的科研或学术探讨课题。
(2)企事业单位的社会委托课题。
(3)教师或学生富有创新和实际意义的自拟课题等。

2. 选题的原则
(1)必须符合专业培养目标和教学基本要求,能使学生受到全面的科研和专业基本训练。

（2）体现理论联系实际的原则，密切联系科研、生产、实验室建设或社会实际，促进学、研、产的结合，增加课题的应用价值。

（3）体现多样性原则，以满足学生对不同条件下隧道设计方法的掌握。

（4）贯彻因材施教的原则，能充分发挥不同水平学生的创造潜能。

（5）深度、广度和难度要适当，学生经过努力都能按时完成任务。

（6）题目不宜与往届重复。

二、毕业设计进度计划设计

制订毕业设计计划的目的是使学生自己对将要进行的工作任务有一个全面的设计、计划，对整个隧道工程的设计内容、步骤、结果有一个全面系统的了解认识；通过制订毕业设计方案，可以方便指导教师对学生自己的毕业设计工作进行审查，对学生自己的设计方向提出修改意见，以避免设计过程中丢掉一些必要的内容或采用一些不合理的设计方法；它还可作为学生在开题工作中检查工作内容和进度的标准，除一些任务因特殊困难难以完成外，一般应按计划完成任务，以达到研究目的。

隧道工程毕业设计是一项复杂的工作，必须制订好详细的工作计划，指导自己一步一步地前进。制订计划要考虑到自己设计隧道的实际情况，根据隧道所处地区的工程地质情况确定自己的隧道设计方案，确定自己设计时的时间安排，按照自己的计划进行设计，可以让设计能从容地进行，提高自己的设计质量，减少时间的浪费。

毕业设计计划制订的要求是要在充分而全面地了解所选设计题目、较完整地写出文献综述后的基础上，撰写毕业设计方案。设计方案的制订必须具有一定的可行性和可能性，使设计满足规范和施工的要求；撰写毕业设计方案要有一定的系统性、全面性、完整性及连贯性；在条件允许的情况下，毕业设计方案应尽量简单、明了、科学，其方法在本学科具有一定的先进性。

按照学校整体毕业设计时间布置，毕业设计进度计划一般为：第1~2周，熟悉工程情况，确定线路和纵断面，绘制纵断面图；第3周，确定隧道建筑限界和开挖断面，绘制横断面图；第4~6周，手算衬砌结构设计与配筋；第7~8周，采用软件分析围岩和衬砌的应力场，对衬砌配筋进行校核；第9周，施工方案、施工组织及管理措施；第10~11周，绘制相应的设计图；第12~13周，编制设计说明。

在考虑全面、周到、合理的同时，工作计划也要有一定的灵活性。在研究过程中，往往会出现未能预计到的新情况，应积极地根据已有条件做适当变通。在制订研究计划时要积极寻求导师的指导，要深入仔细地了解完成毕业论文所需要的软件环境和硬件设施的可能情况，要广泛征求其他老师、同学的意见。

三、毕业设计成果

毕业设计成果是指在规定时间内完成的毕业设计说明书以及相应的图表绘制工作。毕业设计说明书的内容包括隧道的结构设计和施工组织设计。隧道结构设计的内容包括结构设计、隧道初期支护设计、隧道二衬设计以及洞口和洞门设计、防排水设计，并编制设计计算书;施工组织设计的内容包括:隧道施工方法、施工主要技术措施、关键部位技术措施、施工总平面布置、施工进度计划和质量、安全、环境保护措施。最后按照自己的设计作出相应的设计图纸,图纸包括:①隧道平面图;②隧道纵断面图;③施工场地布置图;④隧道衬砌结构图;⑤隧道洞门结构图;⑥隧道通风、照明布置图;⑦隧道防排水设计图;⑧施工组织网络图。毕业设计主要工作见表1-1。

毕业设计的主要工作及成果表　　　　　　　　表1-1

项　　目	隧道结构设计方面	隧道施工组织设计方面	图纸清单
毕业设计工作及成果	隧道初期支护设计	隧道施工方法设计	隧道平面图
	隧道二衬设计	施工主要技术措施	隧道纵断面图
	洞口及洞门设计	关键部位技术措施	隧道通风、照明设计图
	防排水设计	施工总平面布置	隧道防排水设计图
	照明通风设计	消防救援设计	隧道配筋设计图
		安全、环境保护措施	隧道衬砌结构图
			施工场地布置图
			施工组织网络图
			隧道施工组织设计横道图

第三节　毕业设计准备工作

毕业设计是一项繁杂的工作,需要在设计前就做好相关准备。在进行山岭隧道设计时,首先要对山岭隧道的课程进行一段时间的学习,能熟练地运用所学的知识,解决自己在设计上遇到的问题。并且应提前对所设计的内容进行一定的了解,熟悉相关的规范,并做好以下准备工作,从而使毕业设计工作事半功倍。

一、搜集资料

1. 全面搜集隧道地区既有资料

(1)地形地貌资料、图件,以及有关的遥感与遥测资料。

(2)工程地质、水文地质资料,特别是自然地质灾害的种类、性质、规模、危害程度等资料,并分析各种灾害与隧道工程的关系。

(3)地质测绘、勘探资料和各类图件,并对资料的准确性和可能存在的问题进行分析,同时提出调查计划。

(4)隧道地区的气温、降水、风速和风向等气象资料。

(5)地震历史、地震动峰值加速度系数等资料。

(6)沿线地区交通量及其车辆构成情况、矿产资源等。

(7)有关的法令、法规。

2. 工程地质调查

在进行设计前,要先对隧道所处地区的工程地质进行深刻的调查研究,这是影响隧道设计的关键。一个地区的工程地质和水文地质条件影响着隧道设计方案的制订,必须首先进行学习。工程地质调查测绘的内容应视要求而定,调查测绘的基本内容有以下几个方面。

地形地貌:地形、地貌的类型、成因、特征与发展过程;地形、地貌与岩性、构造等地质因素的关系;地形地貌与工程地质条件的关系、对路线布置及路基工程的影响等。

地层、岩性:地层的层序、厚度、时代、成因及其分布情况,岩性、风化破碎程度及风化层厚度,土石的类别、工程性质及对工程的影响等。

地质构造:断裂、褶曲的位置,构造线路的走向、产状等形态特征和地质力学特征,岩层的产状和接触关系,软弱结构面的发育情况及其与路线的关系、对路基的稳定影响等。

地表水及地下水:河、溪的水位、流量、流速、冲刷、淤积、洪水位与淹没情况,地下水的类型、化学成分与分布情况,地下水的补给与排泄条件,地下水的埋藏深度,水位变化规律与变化幅度,地面水及地下水对隧道工程的影响。

特殊地质、不良地层:各种不良地质现象及特殊地质问题的分布范围、形成条件、发育程度、分布规律及其对隧道工程的影响。

地震:根据沿线地震基本烈度的区域资料,结合岩性、构造、水文地质等条件,确定≥7度的地震烈度界线。

工程经验:对所在地区既有地下工程及其他建筑物的稳定情况和工程措施进行调查访问,以便借鉴。

二、提高计算机应用水平

电子计算机是20世纪科学技术的卓越成就之一,它的出现引起了当代科学、技术、生产、生活等方面的巨大变化。为了使全国高校计算机基础教育跃上新台阶,教育部高教司具体制订和正在实施"面向21世纪教学内容和课程体系改革研究计划",教育部为非计算机专业的计算机教育提出了"计算机文化""计算机技术基础""计算机应用基础"三层教育的课程体系。毕业设计阶段所用知识可在上述基础上使学生计算机水平有较大幅度的巩固和提高。隧道及地下工程专业方向的毕业生,在进行设计时更应该熟悉使用计算机软件进行一系列的计算。由于岩土介质非均质、非弹性、各向异性等复杂的本构关系,土体介质和地下结构的共同作用机理更加复杂,因此数值分析的方法在隧道及地下工程设计和计算中是不可缺少的。使用有限单元法、边界单元法、差分法等数值方法来处理大量的数据资料和复杂的计算,人工手算是无法实现的,必须由计算机来完成。在毕业设计中,着重训练学生掌握一门高级语言,能读懂修改源程序并具有简单的编程能力,特别要求能应用现有程序进行计算。对进行隧道及地下工程设计和科研方面的学生,更加强调数值计算类的计算机水平的提高。

隧道及地下工程埋于地层深处,难于直接观察,地下的地质情况也更为复杂,难以预测,而通过计算机仿真模拟可以将其内部连接和施工过程模拟展示出来,可以帮助设计更加符合实际。如隧道开挖过程中,由于局部围岩体介质的不连续性,经常出现塌方和掉顶现象。根据地质勘察资料,可以知道断层、裂隙和节理的走向分布,并通过有限元法、离散单元法、快速拉格朗日差分法,可以分析得到结构衬砌和围岩介质的应力和应变变化。通过计算机软件,输入完整坐标系统、监测监控系统的参数,可以用可视化技术在计算机屏幕上显示发展过程。通过将计算结果和实测结果比较,能直接看到塌方等工程事故区域和范围,为修改支护设计提供可靠依据。建筑施工是一项复杂的大型动态系统,以混凝土为例,包括立模、架设钢筋、浇筑、振捣、拆模、养护等多道工序。每一道工序涉及不同的因素,直接影响混凝土工程进展和质量。模拟施工过程的目的是通过仿真手段,发现实际施工工序中每一步出现的问题和可能导致的最终结果。三维仿真系统可逼真地反映结构外部的变化、特别是裂纹的产生、发展及最终破坏时的形态。在隧道工程中,目前常用的主要是 MIDAS 软件和 ANSYS 软件等有限元软件,通过这些软件,可以模拟隧道施工时的整个过程,得出隧道衬砌和围岩的应力应变,从而指导隧道开挖方式及后期支护方式的选择。

ANSYS 软件是美国 ANSYS 公司研制的大型通用有限元分析(FEA)软件,能与多数计算机辅助设计(Computer Aided Design,CAD)软件接口,实现数据的共享和交换,是融结构、流体、电场、磁场、声场分析于一体的大型通用有限元分析软件。软件主要包括三个部分:前处理部分、分析计算部分和后处理部分。前处理部分提供给用户一个强大的实体建模和网格划分工具,用户能方便地依照图纸构造有限元二维或三维模型。分析计算部分囊括结构分析(可进行高度非线性分析、非线性分析及线性分析)、流体动力学分析、电压分析、电磁场分析、声场分析和多物理场的耦合分析,可用来模拟多种物理介质之间的相互作用,它具有高度的灵敏度分析与优化分析能力;后处理部分可将计算结果用彩色等值线显示、矢量显示、梯度显示、立体切片显示、粒子流迹显示、透明和半透明显示(可以看到结构的内部)等图形方式显示出来,也可选择将计算结果用图表、曲线形式显示或者输出。在 ANSYS 分析软件中,用户有 100 种以上的单元类型选择,可以选择合适的单元类型来模拟工程中的各种结构与材料。ANSYS 在地下工程中应用很多,主要分为在岩土方面的应用以及隧道开挖方面的应用。

由于隧道工程一般埋置于地下,计算岩石中隧道衬砌的应力是一个十分困难的接触问题。岩土介质的力学性质非常复杂,影响其应力和变形的因素很多,例如岩土的结构、孔隙、密度、应力历史、荷载特征、孔隙水及时间效应等,在如此之多的因素作用下要获得理论几乎是不可能的,而用 ANSYS 可以很好地模拟岩土的力学性能,包括对断层、夹层、节理、裂隙和褶皱等地质情况的模拟;并且通过 ANSYS 软件还可以分析岩土的应力—变形与稳定性,在复杂岩基中,进行边坡和洞室锚固效应分析,爆破及地震应力波的传播及其对隧道结构的破坏作用的分析。

地下洞室、隧道在开挖前,岩体中的每个质点均受到天然应力的作用而处于平衡状态。开挖后,周边的岩体失去了原有岩体的支撑,破坏了原有的受力平衡状态,围岩就要向洞内空间膨胀,这样就改变了邻近岩体质点的相对平衡关系,引起了围岩应力的重分布。计算围岩重分布应力是一个复杂而困难的课题,随着岩体的力学属性、开挖形状、天然应力和计算方法的不同而不同。由于 ANSYS 可以提供独特的用来模拟结构开挖过程的"生/死(Birth/Death)"单元,所以可以很方便地进行岩体开挖和锚杆支护过程仿真及优化开挖顺序、岩土填筑过程仿真。利用 ANSYS 还可模拟岩基、边坡和隧道在不同施工条件下、不同开挖顺序下,边墙及地板的回弹、错动以及高地应力区岩爆的过程。

总之,通过 ANSYS 软件能更简便地模拟隧道周边地下情况,定义出衬砌与岩石的接触关系,比较真实地模拟出衬砌的应力状态,对隧道结构设计、验算具有很大的帮助。

MIDAS GTS 是将通用的有限元分析内核与岩土结构的专业性要求有机结合起来而开发的岩土与隧道结构有限元分析软件。它主要适用于隧道及地下工程的模拟计算,是岩土专业分析与设计软件,具有全面的岩土领域分析功能,既提供二维的也提供三维的岩土分析功能;MIDAS GTS 具有高效的前处理功能:中文界面、CAD 风格几何建模、丰富多样网格划分、内置各种建模助手(隧道、锚杆、施工阶段等建模助手);并且还具有专业的单元库和本构模型,包括了 15 种本构模型和用户自定义本构模型;MIDAS GTS 的后处理也十分完善,可以输出组合包络结果;等值线、矢量、剖断面输出云图;动画、表格、计算书等结果。

MIDAS GTS 主要适用于岩土工程施工阶段模拟,复杂的地层、地形和地下结构开挖,临时结构的架设与拆除,基坑、矿山巷道和井建的开挖、支护,隧道口、T 型/Y 型连接部,陡坡、竖井或横向通道与主隧道的连接等,隧道、大坝、边坡的稳态/非稳态渗流分析,应力渗流耦合分析,边坡稳定分析,强度折减法,地震、爆破等任意荷载的动力分析,荷载—结构模式的二衬的内力、应力、变形计算与设计,锚杆单元的内力、应力、变形计算与设计等方面,应用十分广泛,满足了学生进行隧道工程毕业设计的需求。MIDAS GTS 可以应用于荷载结构法中求解二衬的应力变形,从而对隧道的设计、验算有很大的指导意义。

除了数值计算能力,还要逐步提高自己的图像处理能力。在短短的几年中,计算机 Auto CAD 绘图软件在土木工程上得到广泛应用,并逐步淘汰传统的制图工具。当前广泛应用的制图软件 Auto CAD 已大大缩短了设计周期,使图形更整洁、规范,修改也极为方便。设计者使用三维成像技术可获得更好的视觉效果。

计算机在隧道的设计施工方面为使用者提供了太多的帮助,在进行设计前应提高自己的计算机应用能力,对涉及的一些专业软件进行学习,这样才能使设计工作顺利进行,并得出正确的设计成果。

第二章　毕业设计说明书书写及制图要求

第一节　设计说明书编写要求

一、基本要求

(1)毕业设计必须由学生本人独立完成,不得弄虚作假,不得抄袭他人成果。

(2)设计应突出中心,内容充实,论据充分,论证有力,数据可靠,结构紧凑,层次分明,图表清晰,格式规范,文字流畅,文字规范,结论合理。

二、毕业设计内容的撰写要求

毕业设计文本一般包括:封面,目录,题目,作者姓名,作者资料(学院、专业、班级、学号),摘要和关键词(中文摘要、中文关键词;外文摘要、外文关键词),论文主体,致谢,注释,参考文献,附录;毕业设计包括工程图或作品,设计(计算)说明书。

1. 目录

目录按章、节、条三级标题编写,要求标题层次清晰。主要包括前言(或称引论、引言)、正文主体、结论、致谢、注释、主要参考文献及附录等。目录中的标题要与正文中的标题一致,字体:黑体,字号:小三。章、节标题和页码,字体:宋体,字号:小四。

2. 标题

(1)每章的章标题选用模板中的样式所定义的"标题1",居中;或者手动设置成字体:黑体,居中,字号:小三,1.5倍行距,段后11磅,段前为0。每章另起一页。章序号为阿拉伯数字。在输入章标题之后,按回车键,即可直接输入每章正文。

(2)每节的节标题选用模板中的样式所定义的"标题2",居左;或者手动设置成字体:黑体,居左,字号:四号,1.5倍行距,段后为0,段前0.5行。

(3)节中的一级标题选用模板中的样式所定义的"标题3",居左;或者手动设置成字体:黑体,居左,字号:小四,1.5倍行距,段后为0,段前0.5行。

3. 摘要、关键词

"摘要"是摘要部分的标题,不可省略。标题"摘要"选用模板中的样式所定义的"标题1",再居中;或者手动设置成字体:黑体,居中,字号:小三,1.5倍行距,段后11磅,段前为0。

摘要是毕业设计(论文)的缩影,文字要简练、明确。内容要包括目的、方法、结果和结论。单位采用国际标准计量单位制,除特别情况外,数字一律用阿拉伯数码。文中不允许出现插图。重要的表格可以写入。摘要正文选用模板中的样式所定义的"正文",每段落首行缩进

2个汉字;或者手动设置成每段落首行缩进2个汉字,字体:宋体,字号:小四,行距:固定值22磅,间距:段前、段后均为0行,取消网格对齐选项。摘要篇幅以一页为限,字数为400~500字。

摘要正文后,列出3~5个关键词。"关键词":是关键词部分的引导,不可省略。关键词请尽量用《汉语主题词表》等词表提供的规范词。关键词与摘要之间空一行。关键词之间用分号间隔,末尾不加标点,3~5个;黑体,小四,加粗。

外文摘要要求用英文书写,内容应与"中文摘要"对应。使用第三人称,最好采用现在时态编写。"Abstract"不可省略。标题"Abstract"选用模板中的样式所定义的"标题1",再居中;或者手动设置成字体:Times New Roman,居中,字号:小三,1.5倍行距,段后11磅,段前为0行。标题"Abstract"上方是论文的英文题目,字体:Times New Roman,居中,字号:小三,行距:固定值22磅,间距:段前、段后均为0行,取消网格对齐选项。Abstract正文选用设置成每段落首行缩进2字,字体:Times New Roman,字号:小四,行距:1.25倍行距,间距:段前、段后均为0行,取消网格对齐选项。

Key words与摘要正文之间空一行。Key words与中文"关键词"一致。词间用分号间隔,末尾不加标点,3~5个;Times New Roman,小四,加粗。

4. 正文

正文是毕业设计的主体,是毕业论文或工程设计说明书的核心部分。要着重反映毕业设计或论文的工作,要突出毕业设计的设计过程、设计依据及解决问题的方法;毕业论文重点要突出研究的新见解,例如新思想、新观点、新规律、新研究方法、新结果等。

正文内容应包括以下方面:本研究内容的总体方案设计与选择论证;本研究内容硬件与软件的设计计算、试验装置与测试方法等;本研究内容试验方案设计的可行性、有效性、技术经济分析等,试验数据结果的处理与分析论证以及理论计算结果的分析与展望等;本研究内容的理论分析。对本研究内容及成果应进行较全面、客观的理论阐述,应着重指出本研究内容中的创新、改进与实际应用。理论分析中,应将他人研究成果单独书写并注明出处,不得将其与本人提出的理论分析混淆在一起。对于将其他领域的理论、结果引用到本研究领域者,应说明该理论的出处,并论述引用的可行性与有效性。正文要求论点正确,推理严谨,数据可靠,文字精练,条理分明,文字图表规范、清晰和整齐,在论文的行文上,要注意语句通顺,达到科技论文必须具备的"正确、准确、明确"的要求。计算单位采用国务院颁布的《统一公制计量单位中文名称方案》中的规定和名称。各类单位、符号必须在论文中统一使用,外文字母必须注意大小写、正斜体。简化字采用正式公布过的,不能自造和误写。利用别人研究成果必须附加说明。引用前人材料必须引证原著文字。

毕业设计说明书格式基本要求:

(1)纸型:A4纸,单面打印。

(2)页边距:上2.5cm、下2.1cm、左2.1cm、右2.1cm。

(3)页眉:2.5cm,页脚:2cm,装订线:1.0cm,左侧装订。

(4)字体:正文中文采用宋体小四号,英文采用12号新罗马字体。

正文选用模板中的样式所定义的"正文",每段落首行缩进2字;或者手动设置成每段落首行缩进2字,字体:宋体,字号:小四,行距:固定值22磅,间距:段前、段后均为0行,取消网格对齐选项。

论文页眉页脚的编排一律用阿拉伯数字连续编页码。页码应由正文首页开始,作为第1页。封面不编入页码。将摘要、Abstract、目录等前置部分单独编排页码。页码必须标注在每页页脚底部居中位置,宋体,五号。页眉格式:均采用宋体五号居中。

图的版式:①"设置图片格式"的"版式"为"上下型"或"嵌入型",不得"浮于文字之上"。②图的大小尽量以一页的页面为限,不要超限,一旦超限要加续图。

图名的写法:①图名居中并位于图下,编号应分章编号。②图名与下文留一空行。③图及其名称要放在同一页中,不能跨接两页。④图内文字清晰、美观。⑤图名设置为宋体,五号,居中。

表的版式:表的大小尽量以一页的页面为限,不要超限,一旦超限要加续表。

表名的写法:①表名应当在表的上方并且居中,编号应分章编号。②表名与上文留一空行。③表及其名称要放在同一页中,不能跨接两页。④表内文字全文统一,设置为宋体,五号。⑤表名设置为宋体,五号,且居中。

公式的格式描述:①公式整行右对齐,并调整公式与公式序号之间的距离,使公式部分居中显示。②公式序号应按章编号,公式编号在行末列出。③公式位置:公式之间及上下文间设置半行间距或者6磅,作者可根据情况适当调整,以保证格式协调和美观。

5. 结论(设计类为设计总结)

结论是理论分析和实验结果的逻辑发展,是整篇论文的归宿。结论是在理论分析、试验结果的基础上,经过分析、推理、判断、归纳的过程而形成的总观点。结论必须完整、准确、鲜明,并突出与前人不同的新见解。

书写格式说明:标题"结论"选用模板中的样式所定义的"结论",或者手动设置成字体:黑体,居中,字号:小三,1.5倍行距,段后1行,段前为0行。结论正文选用模板中的样式所定义的"正文",每段落首行缩进2字;或者手动设置成每段落首行缩进2字,字体:宋体,字号:小四,行距:固定值22磅,间距:段前、段后均为0行。

6. 致谢

毕业设计致谢中不得书写与毕业设计工作无关的人和事,对指导老师的致谢要实事求是。对其他在本研究工作中提出建议和给予帮助的老师和同学,应在论文中做明确的说明并表示谢意。这部分内容不可省略。

7. 参考文献

参考文献反映毕业论文的取材来源、材料的广博程度和可靠程度,也是作者对他人知识成果的承认和尊重。一份完整的参考文献可向读者提供一份有价值的信息资料。参考文献一般不低于15篇,并须标注页码。

参考文献的书写格式:参考文献按照在正文中引用的顺序进行编码;作者一律姓前名后(外文作者名应缩写),作者间用","间隔。作者少于3人应全部写出,3人以上只列出前3人,后加"等"或"et al";标题"参考文献"选用模板中的样式所定义的"参考文献",再居中;或者手动设置成字体:黑体,居中,字号:小三,1.5倍行距,段后1行,段前为0行;参考文献正文设置成字体:宋体,居左,字号:五号,固定行距22磅,段后、段前均为0行;按照引用的文献类型不同使用不同的表示方法:

(1)专著(注意应标明出版地及所参阅内容在原文献中的位置),表示方法为:[序号]作者.专著名[文献类型标志].出版地:出版者,出版年.

(2)期刊中析出的文献(注明应标明年、卷、期,尤其注意区分卷和期号),表示方法为:[序号]作者.题(篇)名[文献类型标志].刊名.出版年,卷号(期号):起止页.

(3)会议论文,表示方法为:[序号]作者.篇名[文献类型标志].会议名,会址,开会年:起止页.

(4)专著(文集)中析出的文献,表示方法为:[序号]作者.篇名[文献类型标志].见(In):文集的编(著)者.文集名.出版地:出版者,出版年:起止页.

(5)学位论文,表示方法为:[序号]作者.题(篇)名[文献类型标志]:(博(硕)士学位论文).授学位地:授学位单位,授学位年.

(6)专利文献,表示方法为:[序号]专利申请者.专利题名[文献类型标志].专利国别,专利文献种类,专利号.出版日期.

第二节 工程制图基本格式要求

由于目前毕业设计中的工程制图一般是通过CAD进行软件制图,绘图时一定要严格遵循图形的比例要求,根据自己的实际设计,详实地绘制出来,不可随意绘制。CAD制图即是根据学校提供的图框按照一定的比例把隧道结构图在CAD中绘制出,绘图时应把握好一定的绘图技巧,在满足基本的格式要求的前提下,尽可能地使图形在图框中的分布更均匀、更美观,如图2-1所示为工程制图的一般图框,绘图时应按照图框的比例合理选择图形的比例,既要使图形全在图框中,也要使图形在图框中分布合理。CAD制图的一些基本格式要求如下。

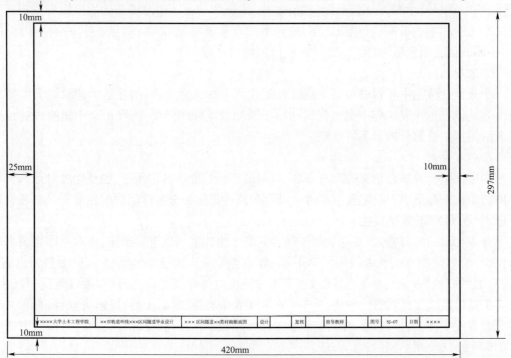

图2-1 CAD制图图框

一、线宽的规定

(1) 粗线,线宽设定为 0.7mm。
(2) 中粗线,线宽设定为 0.35mm。
(3) 细线,线宽设定为 0.18mm(补充说明:填充线、尺寸线、索引符号、高程符号要用细实线)。

粗线、中粗线、细线的线宽比为 4:2:1。各宽度图线的用途,详见《房屋建筑制图统一标准》(GB/T 50001—2017)、《建筑给水排水制图标准》(GB/T 50106—2010)、《机械制图用计算机信息交换制图规则》(GB/T 14665—93)的规定。

二、线型

(1) 除实线外,其他的各种线型都有比例,所有线的比例同图纸的比例。
(2) 点画线:用于轴线、中心线,线型为 dote。
(3) 虚线:一般情况下用 dash。
(4) 双点画线:用 divide。

三、比例

因为在 CAD 中篇幅是无限大的,所以在绘图时比例一般采用 1:1,这样可以方便更好地去识图,绘制时也比较简单,可以避免一些因绘图长度的失误而造成的绘图失误。绘图中一般常用的比例可见表 2-1。

绘 图 比 例 表　　　　　　　　　　表 2-1

种　类	比　例
原值比例	1:1
放大比例	5:1　2:1　$5 \times 10^n:1$　$10^n:1$
缩小比例	1:5　1:2　$1:5 \times 10^n$　$1:10^n$

四、字体与字高

(1) 所有字体采用长仿宋体,文字高宽比例统一为 0.7。
(2) 图纸中设计文字说明:字高 5mm(或 7mm)(在 A0、A1、A2 图纸);字高 3.5mm(或 5mm)(在 A3、A4 图纸)。
(3) 字间距宜使用标准字间距,行间距宜采用 1.5~2.5 倍行距。
(4) 汉字字高应不小于 3mm,英文字符与数字高度应不小于 2mm。

五、引线

(1) 引出线为箭头,引出线为统一体,由尺寸标注命令引线制作。
(2) 引出线采用水平向细线,文字说明均写在水平线之上。
(3) 图中文字引注高度 5mm 字高。

六、高程符号

(1)数字:字高 3mm(或 5mm)(在 A0、A1、A2 图纸);字高 2.5mm(或 3.5mm)(在 A3、A4 图纸)。
(2)数字以米(m)为单位,小数点后留三位。在总平面图中,可注写到小数点后第二位。
(3)零点高程写成 ±0.000,正数高程不注"+",负数高程应注"-"。
(4)压力管道应标注中心高程,沟渠和重力流管道宜标注沟(管)内底高程。
(5)在下列部位应标注高程:
①沟渠和重力流管道的起讫点、转角点、连接点、边坡点、变尺寸(管径)点及交叉点。
②压力流管道中的高程控制点。
③不同水位线处。
④构筑物和土建部分的相关高程。

七、尺寸样式

(1)尺寸界线距离标注物体 2~3mm,第一道尺寸线距标注物体 10~12mm,相邻的尺寸线距离 7~10mm。
(2)箭头采用建筑标记。
(3)半径、直径标注时箭头样式为实心闭合箭头。
(4)标注文字距离尺寸线 0.8mm。
(5)尺寸界线、尺寸线应用细实线绘制,端部出头 2mm。
(6)轴线圈距离尺寸线 4mm。
(7)标注尺寸文字在尺寸线上方置中,文字方向与尺寸线对齐,角度数字应写成水平方向。
(8)标注字高 3mm(或 5mm),箭头 5mm(在 A0、A1 图纸);字高 2.5mm(或 3.5mm),箭头 3.5mm(在 A2、A3、A4 图纸)。
注意:文字大小是根据图纸的比例变化的,如 A3 图纸,比例为 1:50,注释文字打印出来的尺寸应为 3mm,在文字设置时,文字尺寸大小应为 150。

八、图名

(1)字高 7mm(在 A0、A1、A2 图纸);字高 5mm(在 A3、A4 图纸)。
(2)统一在图名下划线,线宽为 0.35mm,且与图名文字等宽。数字比例下不划线,其字高为 3mm。

九、图纸名称

一律采用黑体。

十、符号

(1)索引符号的圆直径为 10mm,细实线。

(2)详图符号用粗实线绘制,直径为14mm。

十一、图纸编号

从 01、02、03 到 n。

十二、剖切符号

(1)剖视的剖切符号应由剖切位置线及投射方向线组成,均应以粗实线绘制,剖切位置线的长度宜为 6~10mm;投射方向线应垂直于剖切位置线,长度宜为 4~6mm。

(2)剖视剖切符号的编号宜采用阿拉伯数字,按顺序由左至右、由上至下连续编排,并应注写在剖视方向线的端部(即看开口方向,如图 2-2 中 1-1 就是从右向左看、2-2 是从左向右看)。

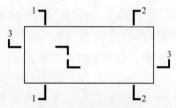

图 2-2　剖切位置示意图

第三章　山岭隧道的总体设计

山岭隧道的总体设计主要包括确定隧道的位置、隧道平面线形设计、隧道纵断面设计、隧道横断面设计这几部分。根据《公路隧道设计规范　第一册　土建工程》(JTG 3370.1—2018)可知,隧道总体设计应遵循以下原则:

(1)隧道位置应满足公路功能和发展的需要,符合路线总体要求。

(2)在地形、地貌、地质、气象、社会和人文环境等调查的基础上,综合比选隧道各轴线方案的走向、平纵线形、洞口位置、两端接线条件等,提出推荐方案。

(3)根据公路等级和设计速度确定建筑限界,在满足隧道功能和结构受力要求的前提下,确定经济合理的隧道内轮廓。

(4)隧道洞内外平、纵线形应协调,满足行车安全和行车舒适要求。

(5)根据隧道长度、交通量及其构成、环保要求等,选择合理的通风方式,确定通风、照明、交通监控、防灾救援等设施的设置规模。

(6)应结合公路等级、隧道长度、施工方法、工期和运营要求,对隧道内外防排水系统、辅助通道、弃渣处理、交通工程设施、管理设施、环境保护等做综合考虑。

(7)隧道与相邻既有建筑物和规划建筑物互有影响时,应采取必要的措施。

(8)隧道总体设计应考虑节能降耗、方便维修和养护。

第一节　隧道工程位置与选线

我国国土面积辽阔,山川交错,包含众多的山岭地区。在这些山岭地区的公路和铁路工程中,隧道是重要的交通建筑物。并且由于隧道埋设于地下,一旦建成,将难以更改,所以隧道工程是整条线路的控制工程,对整条线路的确定起着重要的作用。于是,选择合理的隧道位置往往成为线路设计的关键,它不仅会影响整个线路施工的难易程度,对工程造价也有重大影响。所以,在进行山岭隧道工程设计时,必须首先确定隧道的位置。

一、越岭隧道的选址

通过山岭、重山丘的线路从一个水系进入另一个水系时,通常要穿过其分水岭。为了缩短里程,降低运行风险,提高行车的舒适性,就可以用隧道进行跨越。这种为了跨越分水岭而修建的隧道被称为越岭隧道。这类隧道受当地条件制约较多,例如山岭垭口的高低、山体覆盖的厚薄、当地的水文地质条件、地形和地貌条件、山坡的坡度等因素都会对隧道位置产生重大影响,所以必须进行慎重的选择。在进行越岭隧道设计时,选择越岭隧道的位置以选择平面位置和确定隧道高程这两大方面的工作为主。

1. 选择越岭隧道的平面位置

对越岭隧道平面位置的选择,即是对垭口的选择。垭口是指当线路穿越分水岭时,分水岭的山脊线上的高程较低处。这一工作即是选择分水岭上不同高程和不同方向的垭口,选择时要着重考虑顺应线路总方向的垭口以及该处的地质条件和隧道的长度。选择垭口的原则为:

(1)首先考虑路线总方向上或其附近的低垭口,因为这种垭口在两侧具备良好的展线横坡时,设计隧道的长度较少。

(2)虽然远离线路总方向,但垭口两侧有良好展线条件的河谷,又不损失越岭隧道的高程的垭口。

(3)隧道一般选在分水岭垭口两边的河谷高程相差不多,并且两边的河谷平面位置接近处。

(4)优先选择工程地质和水文地质条件良好的垭口。

最后,根据隧道的长度、施工的难易程度、运营条件等因素进行综合比选,最后确定较合适的设计方案。

2. 越岭隧道的高程选择

在确定好垭口位置后,开始确定隧道的高程,一般来说隧道高程越大,隧道长度就越短,则隧道施工难度较小,施工时间较短,但两端展线就会越长,线路高程增加越大,运营困难,线路通过能力也会减少,而低高程隧道与之相反。所以在选择隧道高程时,应根据当地的地形、地貌、地质和施工条件进行综合考虑来确定隧道最佳高程。

二、傍山隧道的选址

山区道路通常傍山沿河而行,这时沿着山修建的隧道称为傍山隧道。傍山隧道一般埋深较浅,地层受到风化作用的影响较大,稳定性降低,施工时产生的扰动容易破坏山体平衡,造成一系列的病害;山坡上也常会发生滑坡、泥石流等不良地质现象,地质情况比较复杂。又因为傍山隧道一般来说内侧埋深明显厚于外侧,会产生不对称的偏压情况。如果河流流速较快,会对岸边产生较大的冲刷,对山坡的整体稳定和隧道安全产生重大的威胁。所以傍山隧道在选择位置时,应该根据地形地质和当地的河流冲刷情况以及运营条件进行综合考虑,并且应该注意以下原则:

(1)傍山隧道要保证最小覆盖层厚度,覆盖层不能过小。

(2)傍山隧道在修建时应尽量内靠,这样会有利于山体的稳定,减少隧道偏压的情况。尤其是对一些河流流速较急,两岸冲刷严重的地区,隧道位置尽量内靠,并尽可能地设置在较稳定的岩层中。

(3)傍山隧道在修建时要考虑到周围既有建筑对隧道稳定性的影响。

(4)傍山隧道应尽可能地截弯取直,提高行驶安全。

三、不良地质地段隧道位置的选择

在进行设计之前,必须提前对当地的工程地质情况进行详细的了解,根据实际的地质情况确定隧道位置,通过大量工程实践可以得出:不论是越岭隧道还是傍山隧道,地质条件对隧道位置的选择往往起决定性作用。隧道位置应选择在岩性较好和稳定的地层中,这不仅对施工和运营有利,而且可节省投资。对于岩性不好的地层、断层破碎带、含水层等不良地段,应避免穿越,以免增大投资,造成施工与营运的困难,影响隧道安全,留下后患。若不能绕避而必须通过时,应采取可靠的工程处理措施,以确保隧道施工及营运安全。常见的不良地质条件主要是指滑坡、崩坍、松散堆积、泥石流等地质条件。

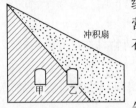

图 3-1 滑坡地区隧道位置选择示意图

1. 滑坡

滑坡对隧道的安全影响很大,因而当隧道要通过滑坡地带时,首先要确定滑坡的类型、范围、深度滑动方向及发生发展原因和规律等。一般隧道应避开滑坡体或错动体,或在可能的滑动面以下一定深度通过,如图 3-1 所示,甲位置较为合理。

2. 松散堆积层

山体岩石经风化、温度变化、冻融交替等作用逐渐崩解成碎块,在重力作用下,自山坡滚落至坡脚形成一种松散的碎石堆积层。这种堆积层常处在暂时稳定状态。一旦扰动,稳定就会丧失而造成崩塌。在这种地质条件下,隧道应避开不稳定、松散的堆积层,使洞身处于基岩中,并具有足够的安全厚度,如图 3-2 中"甲"的位置上。在堆积体紧密稳定,且无法避开时,隧道也可以穿过堆积体,但是必须避开堆积体与基岩的接触处,如图 3-3 中"乙"所示,应将隧道安置于基岩或稳定的堆积层丙中,如图 3-3 中"甲""丙"位置处,以此来提高隧道的稳定性。

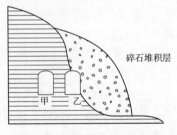

图 3-2 松散堆积层中隧道位置选择示意图

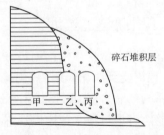

图 3-3 隧道通过堆积体的位置选择示意图

3. 泥石流

当隧道通过泥石流地段时,应结合当地地质情况考虑泥石流沟的改道和最大下切深度。隧道洞顶距基岩面或最大下切面要有一定的覆盖层厚度。隧道洞口应当避开泥石流沟及泥石流可能扩展的范围,如果修建隧道有困难时可以修建一段明洞,使泥石流在明洞洞顶通过。

第二节 隧道平面线形设计

隧道中心线在水平面上的投影称为隧道平面。隧道是整条线路上的一个重要工程,因此隧道的平面线形必须与总路线相适应,且应满足相关规范的有关规定。同时,由于隧道内的运营、养护条件比洞外明显要差,所以要适当地提高线形标准。在隧道中,线路越直越好,线路顺直,则行驶距离将会缩短,行驶速度也会加快,减少隧道内交通事故的发生。隧道线形如果采用曲线的话,将会遇到很多问题,所以隧道内的线路最好采用直线。但当受到地形的限制或是由于地质的原因,特别是出于线路走向需要时,往往不得不采用曲线。隧道曲线线路设置的总原则是采用较大的曲线半径和较短的曲线长度,并尽量设在洞口附近,以减小其不利影响。

公路隧道在必须设置曲线时,一般采用不加宽的大半径平曲线(断面加宽会加大施工的困难,隧道断面不统一,不同断面的相互过渡难度较大)。为了避免汽车行驶时驾驶员的视距问题,曲线半径不能太小,其半径不宜小于不设超高的平面曲线最小半径(表3-1),否则驾驶员的通视不好,容易出交通事故。当由于条件限制而不得不设置超高路线时,其超高值不宜超过4%,设置超高路线的技术标准应依据《公路隧道设计规范 第一册 土建工程》(JTG 3370.1—2018)的规定。

不设超高的圆曲线最小半径(m) 表3-1

路拱(%)	设计速度(km/h)						
	120	100	80	60	40	30	20
≤2.0	5500	4000	2500	1500	600	350	150
>2.0	7500	5250	3350	1900	800	450	200

由于隧道内是禁止超车的,故不考虑超车视距要求;高速公路隧道和一级公路隧道应满足停车视距要求;其他各级公路隧道应满足会车视距要求,见表3-2。同时,从方便施工的角度考虑,也不宜采用设超高的平曲线。

公路停车视距和会车视距 表3-2

公路等级	高速公路、一级公路				二、三、四级公路			
设计速度(km/h)	120	100	80	60	80	60	40	30	20
停车视距(m)	210	160	110	75	110	75	40	30	20
会车视距(m)	—	—	—	—	220	150	80	60	40

对于单向行驶的长大隧道,可以在出口端设置大半径平曲线,这样可以使驾驶员在驶出隧道时感受到的亮光是逐渐增大的,尤其是当出口处阳光可以直接射入时,这样可以减少隧道外的强光对驾驶员的刺激,避免交通事故的发生。因此,在对长大隧道的平面线形设计时应考虑到这一点。

第三节 隧道纵断面设计

隧道纵断面是指隧道中心线展直后在垂直面上的投影。山岭隧道线路的纵断面设计,必须满足行车安全和行驶平稳的要求,并考虑到施工和养护的方便。纵断面设计主要考虑的因素有排水、施工、通风、越岭高程等,主要的设计内容如下。

一、坡道形式

隧道内的坡道形式一般有单面坡（即向隧道一端上坡或下坡）和人字坡（即从隧道中间向洞口两端下坡）两种，如图3-4所示。

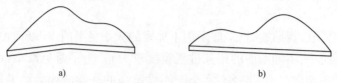

图3-4 隧道纵坡类型
a) 人字坡隧道；b) 单面坡隧道

单面坡一般多用于越岭线的展线和沿河线隧道中，可用于在较短时间内拔高较大高程的情况。当隧道采用单面坡时，两洞口的相对高程相差较大，由此产生的气压差和热位差能促进洞内的自然通风。在施工过程中低位的洞口方便施工，而高位的洞口不利于施工。

人字坡多用于长大隧道，尤其是越岭隧道。人字坡中间高两边低，在满足排水的同时，也不会抬高两边洞口的高程，这与山坡的自然坡形相适合，对不需要抬高高程的越岭隧道十分合适。人字坡有利于隧道的出渣和排水，但对隧道通风不利，隧道中的废气会逐渐聚集在隧道的中间，不利于排出。

在进行设计时，应根据当地的实际情况来选择坡面形式：当线路要争取高程时应选择单坡；对于长大隧道，特别是越岭隧道，应优先考虑人字坡形式。此外，在设计时还应综合考虑施工条件，如地下水发育程度、出渣量的大小，以尽可能地减少施工难度。

二、坡度大小

当线路为平坡时最适宜车辆行驶，这时车辆受到的阻力最小，车辆排出的废气也最少，但是为了满足自然排水和排风的需要，隧道内不允许设置平坡。为了考虑到隧道建成后洞内自然排水的要求，隧道内的纵坡不宜小于0.3%，这样使隧道涌水可以在隧道内的侧沟中自然流出。

在进行隧道坡度设计时，还应考虑隧道内通风问题对隧道坡度的影响。考虑到隧道内的通风，设计时一般把纵坡控制在2%以下。当纵坡超过2%时，汽车排出的有害物质迅速增加，汽车尾气排放增多。所以，从尽量减少公路隧道内车辆有害气体排放的观点出发，纵坡一般情况不应大于3%；受地形等条件限制时，高速公路、一级公路的中、短隧道可适当加大，但不宜大于4%；短于100m的隧道纵坡可与该公路外路线的指标相同。采用较大纵坡时，必须对行车安全、通风设备和运营费用、施工效率的影响等做充分的技术经济综合论证。当隧道采用单坡时，纵坡不宜大于3%。当涌水量较大时，应考虑减缓纵坡。当采用人字坡，从两个洞口开挖隧道时，施工涌水容易排出，但通风条件稍差，所以一般把纵坡控制在1%以下为宜，以便于控制和排放有害气体。

隧道内如果坡道坡度发生变化，则在变化处应合理设置竖曲线，以满足其视距要求，竖曲线的半径和最小长度应符合表3-3的规定。为了提高行驶的平稳性，在隧道中应尽量采取较大的竖曲线半径和长度。

竖曲线最小半径和最小长度(m) 表3-3

设计速度(km/h)		120	100	80	60	40	30	20
凸形竖曲线半径	一般值	17000	10000	4500	2000	700	400	200
	极限值	1100	6500	3000	1400	450	250	100
凹形竖曲线半径	一般值	6000	4500	3000	1500	700	400	200
	极限值	4000	3000	2000	1000	450	250	100
竖曲线长度(m)		100	85	70	50	35	25	20

第四节 隧道横断面设计

一、隧道建筑限界设计

隧道净空是指隧道衬砌的内轮廓线所包围的空间,是由隧道建筑限界(图3-5)、通风及其他所需的断面积组成。隧道建筑限界是为了保证隧道内各种交通的正常运行与安全,而规定的在一定宽度和高度范围内不得有任何障碍物的空间限界。总地来说,隧道建筑限界是指衬砌内缘不能侵入的轮廓线。在设计时,应充分考虑到各个车道与公路设施之间所处的空间关系,任何部件如隧道本身的照明、通风、安全以及监控等附属设施均不得侵入隧道建筑限界之内。隧道的建筑限界由行车道宽度 W、侧向宽度 L(包括左侧 L_L 和右侧 L_R)、人行道 R 或检修道 J 等组成,当设计人行道时,还有余宽 C。

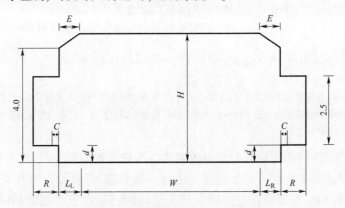

图3-5 公路隧道建筑限界(尺寸单位:m)

H-建筑限界高度,高速公路、一级、二级公路取5.0m,三级、四级公路取4.5m;W-行车道宽度,按表3-4的规定采用;L-侧向宽度,按表3-4的规定采用;C-余宽,当不设置检修道或人行道时,应设不小于25cm的余宽,当设置检修道或人行道时,不设余宽;R-人行道宽度,按表3-4的规定采用;J-检修道宽度,按表3-4的规定采用;高速公路和一级公路隧道内应设置检修道,其他等级公路隧道应根据隧道所在地区的行人密度、隧道长度、交通量及安全等因素确定人行道的设置,检修道或人行道宜双侧设置;d-检修道或人行道的高度,按20~80cm取值,并综合考虑以下因素:①检修人员步行时的安全;②紧急情况时驾乘人员拿取消防设备方便;③满足其下放置电缆、给水管等的空间尺寸要求;E-建筑限界顶角宽度,当 $L \leq 1$ 时,$E = L$;当 $L > 1$m 时,$E = 1$m。

按照《公路隧道设计规范 第一册 土建工程》(JTG 3370.1—2018)的规定可知,各级公路隧道建筑限界的基本宽度如表3-4所示。在进行隧道净空断面横断面设计时,应按照设计要求并结合规范规定,合理地选择隧道建筑限界的各个宽度。隧道的净空除应符合隧道建筑限界的规定外,还应考虑洞内排水、通风、照明、防火、监控、营运管理等附属设施所需要的空间,并考虑土压影响、施工等必要的富余量,使确定的断面形式及尺寸,达到安全、经济、合理的目的。在确定隧道净空断面时,应尽力选择净断面利用率高、结构受力合理的衬砌形式。

公路隧道建筑限界横断面组成最小宽度(m)　　表3-4

公路等级	设计速度(km/h)	车道宽度 W (m)	侧向宽度 L		余宽 C	人行道 R 或检修道 J		建筑限界基本宽度
			L_L	L_R		左侧	右侧	
高速公路、一级公路	120	3.75×2	0.75	1.25	0.50	1.00	1.00	11.50
	100	3.75×2	0.75	1.00	0.25	0.75	0.75	10.75
	80	3.75×2	0.50	0.75	0.25	0.75	0.75	10.25
	60	3.50×2	0.50	0.75	0.25	0.75	0.75	9.75
二级公路	80	3.75×2	0.75	0.75	0.25	1.00	1.00	11.00
	60	3.50×2	0.50	0.50	0.25	1.00	1.00	10.00
三级公路	40	3.50×2	0.25	0.25	0.25	0.75	0.75	9.00
	30	3.25×2	0.25	0.25	0.25	0.75	0.75	8.50
四级公路	20	3.00×2	0.50	0.50	0.25			7.50

注:1. 三车道隧道除增加车道数外,其他宽度同本表;增加车道的宽度不得小于3.5m。
2. 连拱隧道的左侧可不设检修道或人行道,但应设50cm(120km/h与100km/h时)或25cm(80km/h与60km/h时)的余宽。
3. 设计速度为120km/h时,两侧检修道宽度均不宜小于1.0m;设计速度为100km/h时,右侧检修道宽度不宜小于1.0m。
4. 隧道路面横坡,当隧道为单向交通时,应取单面坡,建筑限界底边线与路面重合;当隧道为双向交通时,可取双面坡,建筑限界底边线应水平置于路面最高处。坡度应根据隧道长度、平、纵线形等因素综合分析确定,一般可采取1.5%~2.0%。

在进行横断面设计时,应该充分考虑隧道内各个建筑物的宽度尺寸,按照规范的规定去设计,从而使得设计更加合理。对于高速公路与一级公路,需要设置宽0.75m的检修道,这是为了以后运行使用时方便检修与维修。行车道两侧还应设置一定的侧向宽度,它可以起到诱导驾驶员视线、增加行车安全性的作用。对于二级、三级、四级公路还应该设置一定宽度的人行道或者余宽。

对于要设置人行道的隧道,人行道的宽度一般应大于或等于0.75m,以便于行人正常通过;在有自行车通行的隧道,人行道宽度不宜小于1m,以便于骑行安全。必要时,可设置栏杆分开人行道和行车道,以减少隧道内交通事故的发生。当行人和自行车非常多的情况下,因修建很宽的人行道而要加大隧道断面时,需要的通风设备也相应增大,这时人和自行车与隧道分开,修建小断面的人行隧道反而有利,专供徒步行人通行。在山岭地区修建长大隧道时,专为行人需要而加大通风设施及其功率是不经济的。当人行道、车行道在同一隧道中时,为保证安全,应使人行道比车行道高出 0.25m,以降低行车冲撞行人的可能性。

对于隧道内的横向通道的设置,可根据《公路隧道设计规范 第一册 土建工程》(JTG 3370.1—2018)中第 4.5.1 条规定进行设计。

(1)上、下行分离式独立双洞的公路隧道之间应设横向通道。

(2)人行横通道的设置间距可取 250m,并不大于 350m。

(3)车行横通道设置间距可取 750m,并不得大于 1000m;中、短隧道可不设。

(4)人行横通道限界宽度不得小于 2.0m、限界高度不得小于 2.5m;车行横通道限界宽度不得小于 4.5m、限界高度应与主洞限界高度一致。

在进行隧道设计时,对于一些长、特长隧道,应该在行车方向的右侧设置紧急停车带,双向行驶的隧道,其紧急停车带应双侧交错设置。按照《公路隧道设计规范 第一册 土建工程》(JTG 3370.1—2018)的有关规定:紧急停车带宽度为向行车方向右侧加宽不小于 3.0m,且紧急停车带宽度与右侧侧向宽度 L_R 之和不应小于 3.5m。紧急停车带长度不宜小于 50m,其中有效长度不应小于 40m。紧急停车带横坡可取 0~1.0%。单向行车隧道紧急停车带设置间距不宜大于 750m,并不应大于 1000m。双向行车隧道紧急停车带应双侧交错设置,同一侧间距宜采用 800~1200mm,并不应大于 1500m,如图 3-6 所示。

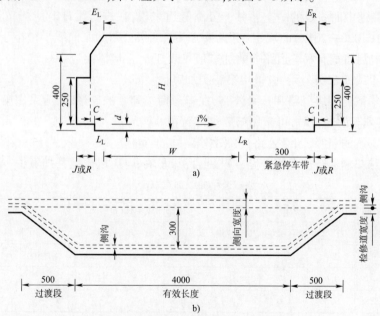

图 3-6 隧道紧急停车带示意图(尺寸单位:cm)
a)建筑限界及横向构成;b)平面构成

对于不设检修道或者人行道的隧道,应在隧道两侧交错布置行人避车洞,行人避车洞同一侧间距不宜大于 500m,避车洞宽不应小于 1.5m、高不应小于 2.2m、深不应小于 0.75m。

在进行横断面设计时,对于车行道的净高,一般根据汽车载货限制高度和富余量来确定。由于隧道内的路面不可能进行全部清除重新铺设,一般是直接进行罩面,其厚度可大约 20cm 进行预估。并且在设计时应考虑到冬天积雪、结冰以及其他可能原因造成的隧道净空的减少。人行道、自行车道及自行车人行道的净空为 2.5m。隧道的内轮廓线在施工中不可能做到完全符合设计要求,一般还应考虑 5~10cm 的误差。

在对隧道断面进行设计时,还应考虑到隧道通风方式对隧道净空断面的影响。一般来说,自然通风的隧道,断面适当大些,这样有利于隧道的通风,减少对自然风的损耗。对于使用通风机进行纵向通风时,应考虑到通风机本身的直径、悬吊架的高度和富余量,总计约为 1.5m 的高度。长大隧道的通风管断面积、通风区段的长度、通风竖井或斜井的长度和数量、设备费和长期运营费等应综合考虑。在平顶以上设置通风管道时,应保证顶板的厚度,还应考虑到顶板的挠度以及富余量。现在使用的轻质混凝土顶板的厚度为 7.5~10cm,现浇混凝土板约 15cm。重要的长大隧道,防灾设备(如火灾传感器、监视电视摄像机、通过率计等)也要占有空间。维修时往往是在不进行交通管制的条件下工作,故需设置维修通道,以及管理人员的通道,这可根据实际需要设置在隧道的一侧或两侧等。

二、曲线隧道的净空加宽

1. 公路隧道

对于含有曲线段的隧道,在设计时应额外设计隧道的净空加宽。因为当汽车在曲线隧道中行驶时,车体的平移会使得所需的横断面积增加。为了保证列车在曲线隧道中安全通过,必须加大隧道中曲线段的净空。对于公路隧道来说,在进行设计时应当按照《公路路线设计规范》(JTG D20—2017)的规定:当二级、三级、四级公路的圆曲线半径小于或等于 250m 时,应在曲线内侧加宽。双车道路面的加宽值见表 3-5,并应满足以下规定:

(1)作为干线的二级公路,应采用第三类加宽值。

(2)作为集散的二级公路和三级公路,在考虑衔接列车的通过时,应采用第三类加宽值,在不考虑衔接列车的通行时,可采用第二类加宽值。

(3)作为支线的三级、四级公路,可采用第一类加宽值。

(4)有特殊车辆通行的专用公路,应根据特殊车辆验算,以确定其加宽值。

公路隧道平曲线加宽取值(m)　　　　表 3-5

加宽类别	汽车轴距加前悬(m)	圆曲线半径(m)								
		200~250	150~200	100~150	70~100	50~70	30~50	25~30	20~25	15~20
第一类	5	0.4	0.5	0.6	0.7	0.9	1.3	1.5	1.8	2.2
第二类	8	0.6	0.7	0.9	1.2	1.5	2.0	—	—	—
第三类	5.2+8.8	0.8	1.0	1.5	2.0	2.7	—	—	—	—

2. 铁路隧道

在对铁路隧道曲线段设计时,铁路曲线隧道的净空加宽值是由以下需要决定的:车辆通过曲线隧道时,转向架中心点沿线路运行,而车辆是刚性体,其矩形形状不会发生改变。这就使得车厢两端产生了向曲线外侧的偏移 $d_{外}$,车厢中间部分则向曲线内侧偏移 $d_{内1}$,见图 3-7;由于曲线隧道外轨超高,导致车辆向曲线内侧倾斜,从而使车辆限界的各个控制点在水平方向上向内移动了一个距离 $d_{内2}$。所以隧道净空的加宽值由这三部分组成:$d_{外}$、$d_{内2}$、$d_{内1}$。

单线铁路曲线隧道加宽值计算。

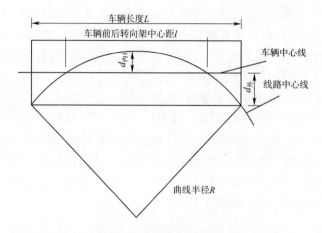

图 3-7 车辆在曲线隧道上的平面图

车辆中间部分向内侧的偏移量 $d_{内1}$ 为：

$$d_{内1} = l^2/8R \tag{3-1}$$

式中：l——车辆前后转向架中心距，取 18m；
R——曲线半径，m。
则

$$d_{内1} = l^2/8R = 18^2/8R \times 100 = 4050/R(\text{cm}) \tag{3-2}$$

车辆两端向曲线外侧的偏移 $d_{外}$ 为：

$$d_{外} = (L^2 - l^2)/8R \tag{3-3}$$

式中：L——标准车辆长度，我国为 26m。
故

$$d_{外} = (L^2 - l^2)/8R = 4400/R(\text{cm}) \tag{3-4}$$

外轨超高使车体向曲线内侧偏移 $d_{内2}$ 为：

$$d_{内2} = \frac{HE}{150} \tag{3-5}$$

式中：H——隧道建筑限界控制点自轨道面起的高度，cm；
E——外轨超高值，cm，其最大值不超过 15cm，且

$$E = 0.76 \frac{V^2}{R} \tag{3-6}$$

式中：V——铁路远期行驶速度，km/h。

在我国铁路隧道设计标准中，$d_{内2}$ 是将相应的轨道建筑限界绕内侧轨顶中心转动 $\arctan(E/150)$ 角度求得的，可近似取 $d_{内2} = 2.7E$。

单线铁路曲线隧道总加宽值为：

$$d_{总} = d_{内1} + d_{内2} + d_{外} = 4050/R + 2.7E + 4400/R = 8450/R + 2.7E \tag{3-7}$$

三、隧道衬砌断面设计

当隧道净空与建筑限界确定以后，就可以据此进行隧道衬砌断面的初步拟订。由于隧

道衬砌是一个超静定结构,不能直接用力学方法计算出所要求的截面尺寸,而必须先拟订一种截面尺寸,再按照这个截面尺寸来验算在荷载作用下的内力。如果截面强度不足,或是截面富余太多,就得调整截面,重新计算,直至合适为止。所以在设计隧道衬砌时,需要根据经验初步拟订一个用以计算的结构截面形状及其尺寸。

设计隧道衬砌断面主要解决内轮廓线、轴线、厚度三个问题。

衬砌的内轮廓线必须符合前述的隧道建筑限界和净空,结构的任何部位不得侵入限界以内,并且还应尽可能地接近建筑限界,尽量减少开挖和衬砌的数量。衬砌内表面力求平顺,以使结构在受力及围岩稳定方面均处于有利条件。隧道内轮廓线和建筑限界的尺寸设计必须按《公路隧道设计规范 第一册 土建工程》(JTG 3370.1—2018)的规定,常用的隧道内轮廓如图3-8、图3-9、图3-10所示。

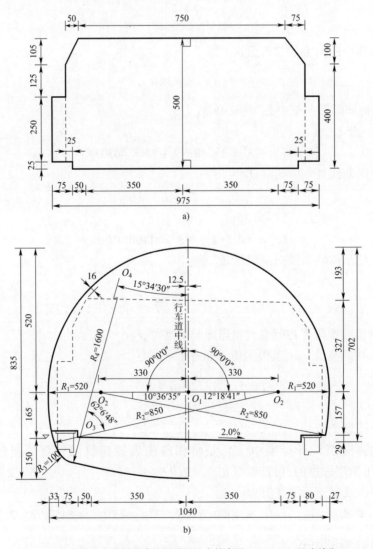

图 3-8 一级公路二车道隧道建筑限界图及内轮廓图(60km/h)(尺寸单位:cm)

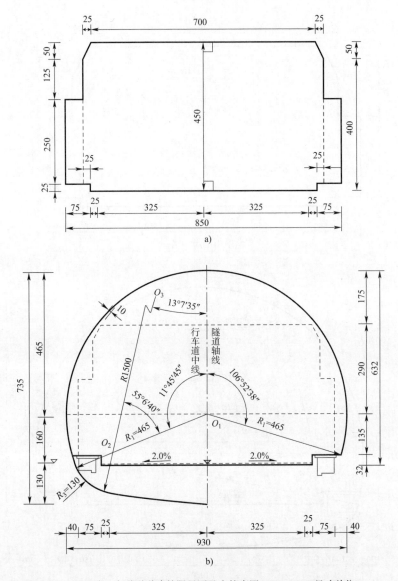

图3-9 三级公路二车道隧道建筑限界图及内轮廓图(30km/h)（尺寸单位：cm）

衬砌断面的轴线应当尽量与断面压力曲线重合，使各截面主要承受压应力。为此，当衬砌受径向分布的水压时，轴线以圆形最好；主要承受竖向压力或同时承受不大的水平侧压力时，可采用三心圆拱和直墙式衬砌；当承受竖向压力和较大侧压力时，宜采用五心圆曲墙式衬砌；当有沉陷可能和受底压力时，宜加设仰拱的曲墙式衬砌。

各衬砌截面厚度随所处地质条件和水文地质条件以及工程条件不同而有较大变化，并且与隧道的跨径、荷载大小、衬砌材料以及施工条件等有关。根据以往经验，单线铁路隧道衬砌拱顶截面厚度一般为30~60cm，双线隧道衬砌拱顶截面厚度为40~80cm。衬砌可以是等厚的，也可以是不等厚的，可将拱脚和边墙较拱顶厚度加厚20%~50%。仰拱可以改善衬砌的整体受力条件，尤其是在隧道底部地质情况不良时，其厚度一般小于拱顶的厚度。

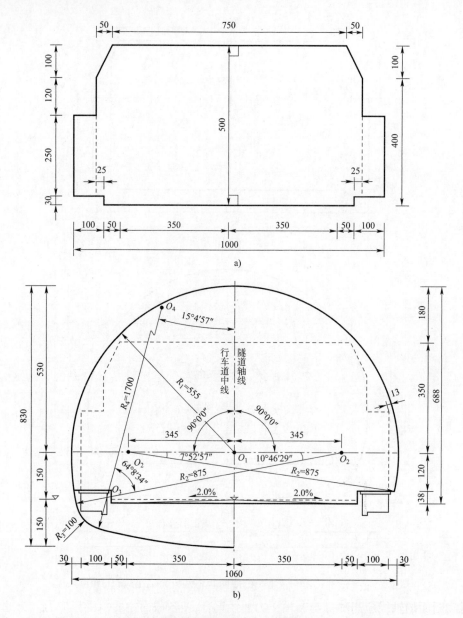

图3-10 二级公路二车道隧道建筑限界图及内轮廓图(60km/h)(尺寸单位:cm)

公路隧道衬砌的截面厚度可以按照《公路隧道设计规范 第一册 土建工程》(JTG 3370.1—2018)规定的标准来制定,见表3-6。

公路隧道各衬砌截面最小厚度(cm)　　　　表3-6

建筑材料	隧道和明洞衬砌			洞门端墙、翼墙和洞口挡土墙
	拱圈	边墙	仰拱	
混凝土	20	20	20	30
片石混凝土	—	—	—	50

第四章　山岭隧道洞门结构设计

洞门是隧道两端的外露部分，也是联系洞内衬砌与洞口外路堑的支护结构。隧道洞门由端墙（正面挡土墙）、两翼挡土墙、排水系统和衬砌等几部分组成。洞门具有以下方面的作用：

减少隧道在洞口处的土石方开挖量、减少工程量、确定隧道的长度。洞口段的路堑是按照当地地形和地质条件通过设计进行开挖的，当隧道埋深较浅时，所需要的开挖量就比较少。隧道的洞门可以起到挡土墙的作用，从而就可以减少土石方的开挖量，缩短施工工期。

稳定边坡，由于自然界的风化作用，边坡上的岩体松动容易脱落滚下，造成安全隐患。设置洞门后就可以减小边坡的高度，缩小正面仰坡的长度，从而可以保证洞口仰坡的稳定与安全。

引离地表水，地表水进入隧道内后，会造成一些重大问题，也会对隧道的结构造成不良影响。通过洞门，就可以把流水引离隧道，从而减少地表水对隧道的影响。

装饰隧道洞口，洞门是隧道的外露部分，也是隧道的景观标志。所以，隧道洞门应与隧道规模、使用功能及周围建筑环境、地形条件相协调。根据《公路隧道设计规范　第一册　土建工程》（JTG 3370.1—2018）要求，洞口设计应符合下列规定：

（1）减少洞口边坡及仰坡开挖，避免形成高边坡、高仰坡，最大限度地减少对原地面的扰动。

（2）洞口边坡、仰坡根据情况采取放坡、喷锚、设置支挡结构物、接长明洞等措施进行防护，宜优先采用绿化护坡。

（3）受暴雨、洪水、泥石流影响时，应设置防洪设施。

（4）位于陡崖下的洞口，不宜切削山坡，应清除危石，宜接长明洞。

（5）附近地面建筑及地下埋设物与洞口相互影响时，应采取防范措施。

第一节　隧道洞门的位置选择

当隧道位置确定后，要开始确定隧道洞口的位置。洞口位置的设计合理与否对隧道整体设计有着重要的影响。隧道洞门的合理设计对隧道施工有着巨大帮助，特别是对以后的交通运营有着极其重要的影响。洞门的位置选择对整个工程的造价也有着密切的关系。洞口位置选择时要根据洞口的地形、地貌、工程地质条件、水文地质条件、施工运营条件进行综合考虑，隧道洞门位置的选择应该遵循以下几个原则：

(1)早进洞、晚出洞原则。

对于山岭隧道,一般在设计时,隧道进洞前会设置一段引线路堑,当路堑达到一定的程度处才开始进洞。故洞门位置应设置在引线路堑到隧道最适宜的位置处。隧道洞门位置设置合理时,施工和运营出现的问题就减少,整个工程造价也就越低。早进洞、晚出洞的含义是:在确定隧道洞门位置时,为了以后施工和运营的安全,早一点儿进洞,晚一点儿出洞。但是也不可把隧道定得过长,衡量洞门位置是否合理的尺度主要是边仰坡的坡率和刷坡高度,见表4-1。

洞口边仰坡坡率和刷坡高度(m)　　表4-1

围岩级别	Ⅰ～Ⅱ			Ⅲ		Ⅳ		Ⅴ～Ⅵ	
边仰坡坡率	贴壁	1:0.3	1:0.5	1:0.5	1:0.75	1:0.75	1:1	1:1.25	1:1.25	1:1.5
刷坡高度	15	20	25	20	25	15	18	20	15	18

注:设计开挖高度从路基边缘算起。

(2)洞门应设置在山体稳定、地质较好、地下水较少的位置处。

隧道洞门位置应尽可能地避开滑坡、岩溶、泥石流、流沙、多年冻土、岩堆等不良地质处,这些地方的地质一般是很不稳定的,对后期隧道的施工和养护不利。

(3)洞门一般不设置在垭口沟谷的中心和沟底低洼处。

沟谷低洼处一般地质条件较差,容易遇到一些不良地质问题,并且沟谷低洼处一般空间狭小,不利于施工和排水。另外,此处由于地势较低,地表水、地下水比较丰富,更不利于隧道的稳定。故洞门位置不应设置在沟谷低洼处。

(4)洞门位置应尽量设置在线路与地形等高线相垂直的地方。

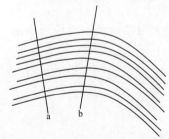

图4-1　隧道洞口地形等高线与
隧道走向选择
a-正交洞门线路;b-斜交洞门线路

道路隧道不宜设置斜交洞门,尤其是一些地质条件较差、岩体较软弱的隧道,应设置为正交洞门;对于一些受地形限制的而只能斜交入山的隧道,也应该尽可能使交角更大一些,一般不得小于45°,见图4-1,或采取工程措施,以降低垂直等高线开挖高度。切忌使隧道中线与地形等高线相平行。

(5)对于位于悬崖陡壁下的洞口,根据地质情况采用贴壁或采用接长明洞的办法,将洞口迁到坍方范围以外3～5m处,不宜切削原山坡,应避免在不稳定的悬崖陡壁下进洞,洞口的边坡及仰坡必须保证稳定。

(6)当隧道附近有河流等水源时,洞门的高程应该在洪水位安全线以上,以防洪水倒灌入隧道。

(7)洞口附近如果有其他建筑物时,应考虑提前进洞,减少隧道对周围建筑的影响。

(8)在进行洞门位置确定时,还应考虑到施工场地的设置,包括废渣场、便道的位置。

总之,隧道洞门和洞身是不可分的整体,在位置选择时应综合进行考虑,从而确定出最合理的方案。

第二节　隧道洞门的方案比选

在进行隧道洞门方案设计时,必须保证设计文件中的技术标准、主要技术条件、设计原则、勘测资料、洞口周围环境及衔接工程、洞外排水系统和设施的布置与实际的地形、地貌、水文、气象等条件相适应,应根据施工条件、地质条件、隧道长度、隧道横断面、埋深深度、工期要求、环境保护、资源配置等因素综合选定隧道洞门方案。并分析工程及水文地质资料,进行风险评估,制定施工技术方案和专项应急救援预案。隧道洞门是整个隧道的重要组成部分,具有重要意义。因此,洞门的设计应符合技术先进、安全可靠、适用耐久、经济合理的要求,同时应满足美观、环境保护和可持续发展的要求。

隧道洞门附近土体一般比较松软,地质情况较差,容易失稳,形成塌方。为了保护岩土体的稳定和使车辆不受崩塌、落石的威胁,确保行车安全,应根据当地的实际情况选择合理的洞门形式。在进行设计时,要比较各个隧道洞门形式的利弊以及适用情况,从而选出适合工程概况的最合适洞门形式。隧道洞门形式一般有以下几种:

一、环框式洞门

当洞口石质坚硬而稳定,围岩为Ⅰ级围岩,地形陡峻而又无特殊的排水要求时,可以设置为一种不承载的简单洞口环框。它能起到加固洞口和减少雨后洞口滴水的作用,并可对洞口做简单的装饰。

环框式洞门的环框稍微向后倾斜,其倾斜度与顶上的仰坡一致。环框的宽度与洞口外观相匹配,一般不小于70cm,突出仰坡坡面不少于30cm,以使仰坡上流下的水从洞口正面淌下,如图4-2所示。

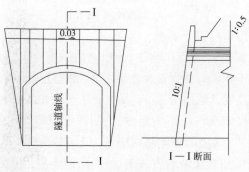

图4-2　环框式洞门实例

二、端墙式洞门

端墙式洞门适用于地形开阔、岩质较稳定的地区,围岩强度等级为Ⅰ～Ⅲ围岩,端墙式洞门是目前应用最为广泛的一种隧道洞门形式,见图4-3。端墙具有支护洞口仰坡、保持其稳定,并将仰坡水流汇集排出的作用。这种洞门只在隧道口正面设置一面能抵抗山体纵向推力的端墙。它不仅可起到挡土墙的作用,而且能支撑洞口正面上的仰坡,并将从仰坡上流下来的地面水汇集到排水沟中去。

图4-3 端墙式隧道洞门

端墙式洞门的端墙一般采用等厚的直墙。因为采用等厚的直墙可以使圬工体积比其他形式都小,而且施工方便。墙身微向后倾斜,斜度约为1:10。这样可使墙身受到比竖直墙小的土石压力,而且对端墙的倾覆稳定有好处,如图4-4所示。

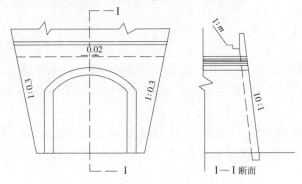

图4-4 端墙式洞门构造图

在设计时,对端墙的构造有以下要求:

(1)端墙的高度应使洞身衬砌上方尚有1m以上的回填层,以减缓山坡滚石对衬砌的冲击,洞顶水沟深度应不小于0.4m;为保证仰坡滚石不致跃过洞门落到线路上去,端墙应适当上延形成挡渣防护墙,其高度从坡脚算起,不宜少于0.5m,在水平方向上不得小于1.5m;端墙自身重量较大,应设置在地基较稳定的地方,它的深度可按当地的实际情况设计,一般宜在1m左右。综合以上要求,端墙的整体高度应该为11m左右。

(2)端墙的厚度应该按照挡土墙的方法进行计算,但不应小于表3-6的要求。

(3)端墙的宽度应该与路堑横断面相适应,下底宽度应该为路堑底宽加上两侧水沟宽度,上方宽度则依边坡坡度按高度成比例加宽,端墙两侧还要嵌入边坡内约30cm以增强洞门的稳定性。

三、翼墙式洞门

当隧道洞口地质较差、围岩较软弱、山体纵向推力比较大以及要修建路堑时可以采用翼墙式洞门。翼墙式洞门即是在端墙式洞门以外增加单侧或者双侧的翼墙,用来承受山体较大的纵向推力。翼墙和端墙共同作用,以抵抗山体纵向推力,增加洞门的抗滑动和抗倾覆能力,故翼墙式洞门可适用于Ⅳ~Ⅵ级围岩中。

翼墙的正面端墙一般采用等厚的直墙,微向后方倾斜,斜度为1:10。翼墙前面与端墙垂直,顶面斜度与仰坡坡度一致。墙顶上设流水凹槽,可将洞顶上的水引至路堑边沟内。翼墙基础应设在稳固的地基上,其埋深与端墙基础相同。

在洞门顶上,端墙与仰坡坡脚之间一般采用60 cm宽、40 cm深的槽形排水沟,沟底应有不小于3%的排水坡。排水沟的形式视洞口的地形和洞门构造形式而定。使用较多的是单向顺坡排水,即把水引到洞门一侧以外的低洼山体处,或引到路堑侧沟中。当地形不容许向一侧排水时,则可采用双向排水,即把水引到端墙两侧,水从端墙后面沿预留的泄水孔流出墙外,也可以引到翼墙顶上,沿着倾斜的凹槽流入路堑边沟,见图4-5。

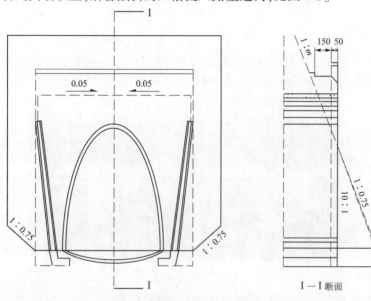

图4-5 翼墙式洞门(尺寸单位:cm)

四、台阶式洞门

当隧道洞门处一侧的边坡较高,而另一侧的边坡高度较低时,可以采用台阶式洞门。台阶式洞门即将端墙的一侧顶端改为逐步上升的台阶形式,这种洞门形式可以减少仰坡高度以及外露坡长,减少了土石方的开挖量,能更好地适应地形,并且在一定角度上可以起到装饰隧道的作用,如图4-6所示。

图4-6 台阶式洞门

五、柱式洞门

当洞门处地势较陡,地质条件较差,仰坡不稳定,有下滑的趋势时,而又因为地形或其他地质条件的限制而不能设置为翼墙式洞门时,可以在端墙的中部设置两个断面较大的柱墩,用来增加洞门端墙的稳定性,这种洞门就被称为柱式洞门。对于一些长大隧道来说,柱式洞门可以显得更宏伟,见图4-7。

图 4-7　柱式洞门

六、削竹式洞门

当洞口处的围岩稳定性较好，岩体坚硬、整体性较好，节理不发育且不易风化，路堑开挖后仰坡非常稳定，并且没有特殊的排水需要时，可以采用削竹式洞门，见图 4-8。

图 4-8　削竹式洞门

削竹式洞门具有以下的特点：对洞口边仰坡开挖量少，减少了对围岩的扰动，有利于山体的自然平衡；可以减少对植被的破坏，从而有利于对环境的保护。这种洞门对围岩强度的适用范围广，对各种围岩级别均可使用，并且倾斜的环框还有利于太阳光的进入，可以增加入口段的光亮。但是这类洞门不适用于一些边坡较大、山势较陡的情况。

七、遮光棚式洞门

当隧道洞外需要设置遮光棚时，其入口通常外伸很远。遮光构造物有开放式和封闭式之分，前者遮光板之间是透空的，后者则用透光材料将前者透空部分封闭。但由于透光材料上面容易沾染尘垢油污，养护困难，所以很少使用后者。形状上又有喇叭式与棚式之分，见图 4-9。

进行隧道洞门方案设计时，应根据进出口的工程地质概况，确定多种隧道洞门的位置和形式，再对每种方案进行详细的比选，从而选出最合适的设计方案。方案比选主要依照地质条件、土方量、石方量、刷坡、边仰坡稳定性、洞口排水条件、洞口覆盖层、隧道长度、隧道造价、与线路连接情况等因素进行考虑。并结合技术、经济和环保三原则，最终确定出隧道洞门设计方案。

图 4-9　遮光棚式洞门

第三节　隧道洞门的结构设计

按照《公路隧道设计规范　第一册　土建工程》(JTG 3370.1—2018)规定,洞门构造要求为(图 4-10):

(1)洞口仰坡坡脚至洞门墙背的水平距离不宜小于 1.5m,洞门端墙与仰坡之间水沟的沟底至衬砌拱顶外缘的高度不小于 1.0m,洞门墙顶高出仰坡脚不小于 0.5m。

(2)洞门墙应根据实际需要设置伸缩缝、沉降缝和泄水孔;洞门墙的厚度可按计算或结合其他工程类比确定。

(3)洞门墙基础必须置于稳固地基上,应视地基及地形条件,埋置足够的深度,保证洞门的稳定。基底埋入土质地基的深度不小于 1.0m,嵌入岩石地基的深度不小于 0.5m;基底高程应在最大冻结线以下不小于 0.25m。基底埋置深度应大于墙边各种沟、槽基底的埋置深度。

(4)松软地基上的基础,可采取加固基础措施。洞门结构应满足抗震要求。

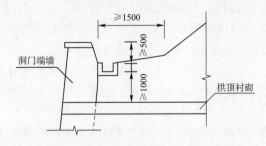

图 4-10　洞门墙背顶部构造(尺寸单位:mm)

根据《公路隧道设计细则》(JTG/T D70—2010)可知:隧道成洞面位置的确定应符合下列规定:

成洞面的边仰坡高度应严格控制,一般控制边坡高度(洞顶以上)要小于或等于 3~5m,并提倡边仰坡零高度进洞和贴壁进洞;成洞面应有一定的坡度及必要的防护措施,以确保成洞面的稳定。成洞面的坡度主要根据工程地质和水文地质情况确定,目的是保证成洞面施工的稳定,对土质仰坡,洞底至洞顶部分一般采用 1∶0.25;洞顶至地表部分采用 1∶0.5~1∶1。防护措施通常采用锚杆、钢筋网及喷射混凝土,设计时应预留排水孔。洞门构造见图 4-11。

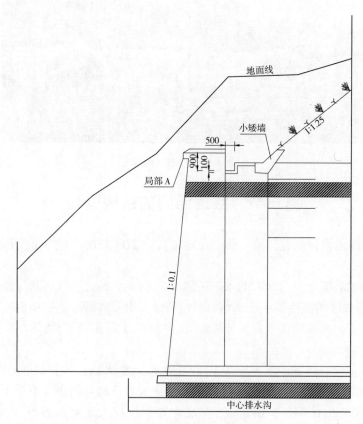

图 4-11　洞门构造示意图(尺寸单位:mm)

洞口附近还应进行排水设计,因地制宜地设置疏水、截水、引水设施,如洞顶天沟、急流槽、截水沟。洞顶天沟应设置在边仰坡坡顶以外的距离不应小于 5m,黄土地区不应小于 10m。洞顶天沟宜沿等高线向路线两侧排水,洞顶天沟的坡度宜根据地形设置,但不应小于 0.5%,当纵坡过陡时,应设置急流槽,地面自然陡坡陡于 1∶2 时,水沟应设置为阶梯式,土质地段纵坡大于 20% 或石质地段水沟纵坡大于 40% 时,应设置抗滑基座。洞顶天沟的断面应根据流入截水沟的汇水区流量确定。水沟深度应高出计算水位 20cm,断面的底宽和深度均不应小于 60cm。

在洞门设计时,应该优先考虑端墙式洞门,因为端墙式洞门具有支挡效果好、施工简单、取材方便、实用性广的优点。

重力式洞门一般采用仰斜式墙体结构,特殊情况下也可采用衡重式结构;墙身材料可采用浆砌片石,也可采用现浇片石混凝土或混凝土,其基础宜采用(片石)混凝土增加基础的整体性;墙式洞门墙与主洞衬砌应设置连接钢筋,以加强洞口段隧道结构的整体性。端墙式洞门的墙式洞门墙的尺寸可根据表 4-2 进行取值。墙式洞门设计时宜在墙顶设置墙帽,其外挑高度为 10~20cm,材料可以采用料石或者混凝土。

端墙式洞门的墙式洞门墙尺寸 表4-2

项目		墙面坡度	重力式洞门墙面厚度（cm）	轻型钢筋混凝土式洞门墙体厚度（cm）
分离式及小净距隧道	明洞洞门	1:0.1~1:0.25	140~200	80~120
	洞口段围岩Ⅳ~Ⅴ级	1:0.1~1:0.25	140~200	80~120
	洞口段围岩Ⅰ~Ⅲ级	1:0.05~1:0.1	100~160	40~80
连拱隧道	明洞洞门	1:0.1~1:0.25	140~160	60~100
	洞口段围岩Ⅳ~Ⅴ级	1:0.1~1:0.25	140~160	60~100
	洞口段围岩Ⅰ~Ⅲ级	1:0.05~1:0.1	80~140	30~60

第四节 隧道洞门的稳定性验算

一、验算规定及相关参数

采用端墙式洞门时，洞门墙可视为挡土墙，按极限状态验算墙身截面强度、偏心距，并验算基底应力、基底偏心距以及绕墙趾倾覆及沿基底滑动的稳定性。验算时应符合《公路隧道设计规范 第一册 土建工程》(JTG 3370.1—2018)的规定，如表4-3所示，对于高洞门墙，为了避免拉应力过大，设计时应控制截面拉应力。

洞门墙验算主要规定 表4-3

墙身截面荷载效应值 S_d	≤结构抗力效应值 R_d（按极限状态计算）	墙身截面荷载效应值 S_d	≤结构抗力效应值 R_d（按极限状态计算）
墙身截面偏心距 e	≤0.3倍截面厚度	滑动稳定安全系数 K_c	≥1.3
基底应力 σ	≤地基容许承载	倾覆稳定安全系数 K_0	≥1.6
基底偏心距 e	岩石地基≤$B/5$~$B/4$；土质地基≤$B/6$（B为墙底厚度）		

洞门设计计算参数按现场试验资料采用。当缺乏试验资料时，参照表4-4选用。

洞门设计计算参数表 表4-4

仰坡坡率	计算摩擦角 φ(°)	重度 γ(kN/m³)	基底摩擦系数 f	基底控制压应力(MPa)
1:0.5	70	25	0.60	0.80
1:0.75	60	24	0.50	0.60
1:1	50	20	0.40	0.40~0.35
1:1.25	43~45	18	0.40	0.30~0.25
1:1.5	38~40	17	0.35~0.40	0.25

二、隧道洞门稳定性验算

对隧道洞门的稳定性验算主要包括隧道洞门抗滑稳定性验算和抗倾覆稳定性验算两部分工作。

进行洞门稳定性验算前,应先计算洞门墙承受的荷载作用,它主要包括墙背土压力、墙身自重等作用。作用于洞门墙墙背上的主动土压力可按库仑理论计算,无论墙背仰斜或直立,土压力的作用方向均假定为水平;墙前部的被动土压力一般不予考虑。

1. 墙身截面强度验算

偏心距 e_b:

$$e_b = \frac{M}{N} \tag{4-1}$$

式中:M——计算截面之上各力对截面形心力矩的代数和;
   N——作用于计算截面之上的垂直力之和。

应力:

$$\sigma = \frac{N}{A} \pm \frac{M}{W} \tag{4-2}$$

式中:A——截面面积;
   W——截面抵抗矩;
   式中其他符号意义同前。

2. 基底合力的偏心距

水平基底:

$$e = \frac{B}{2} - c \tag{4-3}$$

倾斜基底:

$$e' = \frac{B'}{2} - c' \tag{4-4}$$

其中:

$$c = \frac{\sum M_y - \sum M_o}{\sum N} \tag{4-5}$$

$$c' = \frac{\sum M_y - \sum M_o}{\sum N'} \tag{4-6}$$

$$N' = \sum N\cos\alpha + \sum E\sin\alpha \tag{4-7}$$

式中:e——水平基底偏心距;
   e'——倾斜基底偏心距;
   B——水平基底宽度;
   B'——倾斜基底宽度。

3. 基底应力

水平基底:

$$e \leqslant \frac{B}{6} \text{ 时}, \quad \sigma_{\max\atop\min} = \frac{\sum N}{B}\left(1 \pm \frac{6e}{B}\right) \tag{4-8}$$

$$e > \frac{B}{6} \text{ 时}, \quad \sigma_{\max} = \frac{2}{3}\frac{\sum N}{e} \tag{4-9}$$

倾斜基底：

$$e \leqslant \frac{B}{6} \text{ 时}, \quad \sigma_{\max\atop\min} = \frac{\sum N}{B'}\left(1 \pm \frac{6e'}{B}\right) \tag{4-10}$$

$$e > \frac{B}{6} \text{ 时}, \quad \sigma_{\max} = \frac{2}{3}\frac{\sum N'}{e} \tag{4-11}$$

式中：$\sigma_{\max}$——基地最大压应力；

$\sigma_{\min}$——基地最大压应力。

4. 抗倾覆稳定性

$$K_o = \frac{\sum M_y}{\sum M_o} \tag{4-12}$$

式中：K_o——倾覆稳定系数；

M_y——垂直力对墙趾的稳定力矩；

M_o——水平力对墙趾的倾覆力矩。

5. 抗滑稳定性

$$K_c = \frac{(\sum N + \sum E\tan\alpha)f}{\sum E - \sum N\tan\alpha} \tag{4-13}$$

式中：K_c——滑动稳定系数；

N——作用于基底的垂直力；

E——墙后主动土压力；

f——基底摩擦系数；

α——基底倾斜角。

三、隧道洞门设计验算实例

1. 计算参数

(1) 仰坡坡度 1:0.3。

(2) 仰坡坡脚 $\varepsilon = 73.51°$。

(3) 墙背倾角 $\alpha = 5.71°$。

(4) 洞口仰坡坡脚至洞门墙背的水平距离 $a = 4.06\text{m}$。

(5) 墙厚 $B = 1.6\text{m}$。

(6) 墙高 $H = 13.09\text{m}$。

(7) 洞门墙计算条带宽度 $b = 1.0\text{m}$。

(8) 地层重度 $\gamma = 25\text{kN/m}^3$。

(9) 地层计算摩擦角 $\varphi = 75°$。

(10) 基底摩擦系数 $f = 0.6$。
(11) 基底控制应力 $[\sigma] = 0.8\text{MPa}$。
(12) 墙端的材料为 C30 混凝土，重度 $\gamma_t = 23\text{kN/m}^3$。

2. 洞门各部尺寸的拟定

根据《公路隧道设计规范 第一册 土建工程》(JTG 3370.1—2018)，结合洞门所处地段的工程地质条件，拟定右线进口洞门翼墙的高度 $H = 13.09\text{m}$；其中，基底埋入地基的深度为 2.18m，洞门翼墙与仰坡之间的水沟的沟底至衬砌拱顶外缘的高度为 1.37m，洞门翼墙与仰坡间的水沟深度为 0.6m，洞门墙顶高出仰坡坡脚为 1.73m，洞口仰坡坡脚至洞门墙背的水平距离为 4.06m，墙厚为 1.6m，设计仰坡为 1∶0.3。

3. 洞门土压力计算

根据《公路隧道设计规范 第一册 土建工程》(JTG 3370.1—2018)，洞门土压力计算如图 4-12 所示。

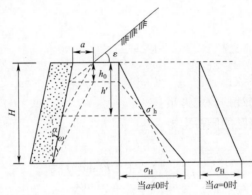

图 4-12 洞门土压力计算图

(1) 最危险滑裂面与垂直面之间的夹角 ω 按式 (4-14) 计算。

$$\tan\omega = \frac{\tan^2\varphi + \tan\alpha\tan\varepsilon - \sqrt{(1 + \tan^2\varphi)(\tan\varphi - \tan\varepsilon)(\tan\varphi + \tan\alpha)(1 - \tan\alpha\tan\varepsilon)}}{\tan\varepsilon(1 + \tan^2\varphi) - \tan\varphi(1 - \tan\alpha\tan\varepsilon)}$$

(4-14)

式中：φ——围岩计算摩擦插脚，$\varphi = 75°$；

ε——洞门后仰坡坡脚，$\varepsilon = 73.51°$；

α——洞门墙面倾角，$\alpha = 5.71°$。

代入数值可得：

$$\tan\omega = \frac{\tan^2\varphi + \tan\alpha\tan\varepsilon - \sqrt{(1 + \tan^2\varphi)(\tan\varphi - \tan\varepsilon)(\tan\varphi + \tan\alpha)(1 - \tan\alpha\tan\varepsilon)}}{\tan\varepsilon(1 + \tan^2\varphi) - \tan\varphi(1 - \tan\alpha\tan\varepsilon)}$$

$$= \frac{\tan^2 75° + \tan 5.71°\tan 73.51° - \sqrt{(1 + \tan^2 75°)(\tan 75° - \tan 73.51°)(\tan 75° + \tan 5.71°)(1 - \tan 5.71°\tan 73.51°)}}{\tan 73.51°(1 + \tan^2 75°) - \tan 75°(1 - \tan 5.71°\tan 73.51°)}$$

$= 0.2211$

故：$\omega = 73.51°$。

(2) 根据《公路隧道设计规范 第一册 土建工程》(JTG 3370.1—2018)，土压力按式 (4-15) 计算。

$$E = \frac{1}{2}\gamma\lambda[H^2 + h_0(h' - h_0)]b\xi \tag{4-15}$$

$$\lambda = \frac{(\tan\omega - \tan\alpha)(1 - \tan\alpha\tan\varepsilon)}{\tan(\omega + \varphi)(1 - \tan\omega\tan\varepsilon)} \tag{4-16}$$

$$h' = \frac{a}{\tan\omega - \tan\alpha} \tag{4-17}$$

式中：E——土压力(kN)；

γ——地层重度(kN/m³)，取 $\gamma = 25$kN/m³；

λ——侧压力系数；

ω——墙背土体破裂角，$\omega = 12.47°$；

b——洞门墙计算条带宽度(m)，取 $b = 1.0$m；

ξ——土压力计算模式不确定系数，可取 $\xi = 0.6$；

H——墙体高度，$H = 13.09$m。

把数据代入各式，得：

$$\lambda = \frac{(\tan\omega - \tan\alpha)(1 - \tan\alpha\tan\varepsilon)}{\tan(\omega - \varphi)(1 - \tan\omega\tan\varepsilon)}$$

$$= \frac{(\tan 12.47° - \tan 5.71°)(1 - \tan 5.71°\tan 73.51°)}{\tan(12.47° - 75°)(1 - \tan 12.47°\tan 73.51°)}$$

$$= 0.014$$

$$h' = \frac{a}{\tan\omega - \tan\alpha}$$

$$= \frac{4.06}{\tan 12.47° - \tan 5.71°}$$

$$= 33.511 \text{m}$$

$$h_0 = a\tan(\varepsilon) = 4.06 \times 3.378 = 13.715 \text{m}$$

洞门土压力 E：

$$E = \frac{1}{2}\gamma\lambda[H^2 + h_0(h' - h_0)]b\xi$$

$$= \frac{1}{2} \times 25 \times 0.014 \times [13.09^2 + 13.715 \times (33.511 - 13.715)] \times 1.0 \times 0.6$$

$$= 46.550 \text{kN}$$

$$E_x = E \cdot \cos(\delta - \alpha) = 46.550 \times \cos(50° - 5.71°) = 33.321 \text{kN}$$

$$E_y = E \cdot \sin(\delta - \alpha) = 46.550 \times \sin(50° - 5.71°) = 32.505 \text{kN}$$

式中：δ——墙背的摩擦角，$\delta = 50°$。

4. 抗倾覆验算

洞门挡土墙在荷载作用下绕 o 点产生倾覆时应满足式(4-12)，即：

$$K_o = \frac{\sum M_y}{\sum M_o} \geqslant 1.6$$

墙身纵断面面积：

$$S = 20.059 \text{m}^2$$

墙身重量 G：
$$G = \gamma_t \cdot b \cdot S = 23 \times 1.0 \times 20.059 = 461.357\text{kN}$$

E_x 对墙趾的力臂：
$$Z_x = \frac{H}{3} = \frac{13.09}{3} = 4.363\text{m}$$

E_y 对墙趾的力臂：
$$Z_y = B' + \frac{H\tan\alpha}{3} = 2.16 + \frac{13.09 \times \tan 5.71°}{3} = 2.596\text{m}$$

G 对墙趾的力臂：
$$Z_G = \frac{B' + H\tan\alpha}{2} = \frac{2.16 + 13.09 \times \tan 5.71°}{2} = 1.734\text{m}$$

$$\sum M_y = G \times Z_G + E_y \times Z_y = 461.357 \times 1.734 + 32.505 \times 5.596$$
$$= 884.586\text{kN}$$

$$\sum M_o = E_x \times Z_x = 33.321 \times 4.363 = 145.391\text{kN}$$

代入上式得：
$$K_o = \frac{\sum E_y}{\sum M_o} = \frac{884.586}{145.391} = 6.084 \geqslant 1.6$$

故抗倾覆稳定性满足要求。

5. 抗滑动验算

对于倾斜基底，按式(4-13)验算滑动稳定性：
$$K_c = \frac{(\sum N + \sum E_x \cdot \tan\theta) \cdot f}{\sum N \cdot \tan\theta - \sum E_x} \geqslant 1.3$$

代入上述数据得：
$$K_c = \frac{(\sum N + \sum E_x \cdot \tan\theta) \cdot f}{\sum N \cdot \tan\theta - \sum E_x} = \frac{(461.357 + 32.505 + 33.321 \times \tan 11.3°) \times 0.6}{(461.357 + 32.505) \times \tan 11.3° - 33.321}$$
$$= 4.595 \geqslant 1.3$$

故抗滑稳定性满足要求。

6. 基底合力偏心矩及控制应力验算

(1) 基地合理偏心距。

对于倾斜基底：

设作用于基底的合力法向分力为 $\sum N$，其对墙趾的力臂为 c'，合力偏心矩为 e'。将数值代入式(4-4)、式(4-6)、式(4-7)可得：

$$\sum N' = \sum N\tan\theta + \sum E_x\tan\theta = (461.357 + 32.505) \times \cos 11.3° + 33.321 \times \sin 11.3°$$
$$= 490.817\text{kN}$$

$$c' = \frac{\sum M_y - \sum M_o}{\sum N'} = \frac{884.586 - 145.391}{490.817} = 1.506\text{m}$$

$$e' = \frac{B'}{2} - c' = \frac{2.16}{2} - 1.506 = -0.426 < 0$$

合力在中心线的左侧。

$$|e'| = 0.426\text{m} > \frac{B'}{6} = 0.36\text{m}$$

$$|e'| = 0.426\text{m} < 0.33B' = 0.7128\text{m}$$

满足洞门墙基底合力偏心距的要求。

(2)基底控制应力。

对于倾斜基底：

$$|e'| > \frac{B'}{6}$$

$$\sigma_{\max} = \frac{2}{3} \cdot \frac{\sum N'}{c'} = \frac{2}{3} \cdot \frac{490.817}{1.506} = 217.272\text{kPa}$$

$$\sigma_{\max} = 217.272\text{kPa} = 0.217\text{kPa} < 基底控制压应力 [\sigma] = 0.8\text{MPa}$$

计算结果满足要求。

7. 墙身截面偏心矩及强度验算

(1)墙身截面偏心距可按式(4-1)验算。

$$M = E_x \cdot \left(\frac{H}{2} - \frac{H}{3}\right) - E_x \cdot \frac{B}{2} = 33.321 \times \left(\frac{13.09}{2} - \frac{13.09}{3}\right) - 32.505 \times \frac{1.6}{2}$$

$$= 46.691\text{kN} \cdot \text{m}$$

$$N = G + E_y = 461.357 + 32.505 = 493.862\text{kN}$$

将数据代入式(4-1)，可得：

$$e_b = \frac{M}{N} = \frac{46.691}{493.862\text{kN}} = 0.0945\text{m} \leq 0.3B = 0.3 \times 1.6 = 0.48\text{m}$$

满足计算要求。

(2)墙身计算截面应力。

将数值代入式(4-2)中，可得：

$$\sigma_{\min}^{\max} = \frac{N}{A} \pm \frac{M}{W} = \frac{N}{B}\left(1 \pm \frac{6e_b}{B}\right) = \frac{493.862}{1.6} \times \left(1 \pm \frac{6 \times 0.0945}{1.6}\right) = \begin{matrix}418.064\text{kPa}\\199.281\text{kPa}\end{matrix}$$

墙身C30混凝土容许压应力为$[\sigma] = 11.2\text{MPa}$。

故计算结果满足要求。

8. 结论

通过以上计算，洞口端墙结构各验算项目均满足要求，所设计的洞门尺寸合理。

第五章 山岭隧道衬砌结构设计

按照《公路隧道设计规范 第一册 土建工程》(JTG 3370.1—2018)中衬砌结构设计有关规定：

(1)隧道衬砌设计应综合考虑地质条件、断面形状、支护结构、施工条件等,并应充分利用围岩的自承能力。衬砌应有足够的强度和稳定性,以保证隧道长期安全使用。

(2)公路隧道的衬砌可以根据围岩级别、施工条件和使用要求选择采用喷锚衬砌、整体式衬砌、复合式衬砌。高速公路、一级公路、二级公路应采用复合式衬砌。三级及三级以下公路的隧道洞口段、Ⅳ~Ⅵ级围岩洞身段应采用复合式衬砌或整体式衬砌,Ⅰ~Ⅲ级围岩洞身段可采用喷锚衬砌。

(3)衬砌断面宜采用曲边墙拱形断面。

(4)隧道围岩较差地段应设置仰拱。

(5)隧道洞口段应设加强衬砌。加强衬砌段的长度应根据地形、地质和环境条件确定,一般情况下两车道隧道应不小于10m,三车道隧道不应小于15m。

(6)围岩较差地段的衬砌应向围岩较好地段延伸5~10m。

(7)偏压衬砌段应向一般衬砌段延伸,延伸长度应根据偏压情况确定,一般不小于10m。

(8)净宽大于3m的横通道与主洞的交叉段均应设加强段衬砌,加强段衬砌应向各交叉洞延伸,主洞延伸长度不小于5.0m,横通道延伸长度不小于3.0m,延伸长度范围内不易设变形缝。

第一节 隧道复合式支护结构设计

复合式衬砌,即由初期支护和二次衬砌及中间夹防水层组合而成的衬砌形成(图5-1),其中初期支护宜采用锚喷支护,即由喷射混凝土、锚杆、钢筋网和钢架等支护形式单独或组合使用。《公路隧道设计规范 第一册 土建工程》(JTG 3370.1—2018)对复合式衬砌的设计有一般规定。

喷射混凝土的一般规定:公路隧道喷射混凝土的设计强度等级不应低于C20;对于竖井及重要隧道和斜井工程,喷射混凝土的设计强度等级不应低于C25;喷射混凝土厚度不应小于50mm,不宜大于300mm。在含水较丰富的地层中,喷射混凝土支护厚度,最小不应低于80mm,且抗渗强度不应低于0.8MPa;喷射混凝土的水泥标号不得低于32.5级,并优先选用普通硅酸盐水泥,必要时可采用特种水泥,细集料采用中砂或粗砂,细度模数宜大于2.5,含水率宜控制在5%~7%;粗集料采用砾石或碎石,粒径不应大于15mm。

喷射混凝土钢筋网的设计应符合下列规定:单层钢筋网喷射混凝土支护的厚度不应小

于 80mm,双层钢筋网喷射混凝土支护的厚度不应小于 150mm。钢筋网钢筋直径宜为 6～12mm;钢筋网网格应按矩形布置,钢筋间距宜为 150～300mm;钢筋网钢筋的搭接长度应不小于 30d（d 为钢筋直径）;钢筋网的保护层厚度不小于 20mm,当采用双层钢筋网时,两层钢筋网之间的间隔距离应不小于 80mm。

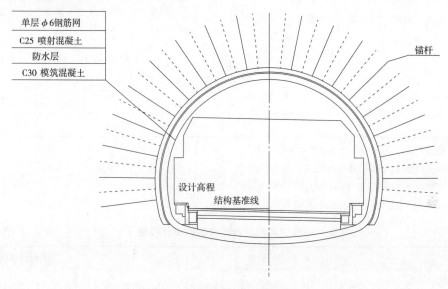

图 5-1 隧道复合式衬砌示意图

隧道喷锚支护中,锚杆一般采用全长黏结型锚杆,端头锚固型锚杆作为永久支护时必须在孔内注满砂浆或树脂,砂浆或树脂的强度等级不得小于 M20;自稳时间短的围岩,宜采用全黏结树脂锚杆或早强水泥砂浆锚杆;软岩、变形较大的围岩地段,可采用预应力锚杆,预应力锚杆的预加力不应小于 100kPa。预应力锚杆的锚固端必须锚固在稳定岩层内;岩体破碎、成孔困难的围岩,宜采用自进式锚杆;锚杆直径宜采用 20～32mm;锚杆露头应设垫板,垫板尺寸不应小于 150mm（长）、150mm（宽）、6mm（厚）。

二次衬砌一般采用模筑混凝土或钢筋混凝土结构,衬砌断面宜采用连接圆顺的等厚度衬砌断面,仰拱厚度与拱墙厚度相同。一般性的地质情况下,初期支护和二次衬砌支护参数可以照表 5-1、表 5-2 进行选定。

两车道隧道复合式衬砌设计参数　　表 5-1

围岩级别	初期支护								二次衬砌厚度(cm)	
	喷射混凝土厚度(cm)		锚杆(m)			钢筋网间距(cm)	钢架		拱、墙混凝土	仰拱混凝土
	拱、墙	仰拱	位置	长度	间距		间距(m)	截面高(cm)		
Ⅰ	5	—	局部	2.0～3.0	—	—	—	—	30	—
Ⅱ	5～8	—	局部	2.0～3.0	—	—	—	—	30	—
Ⅲ	8～12	—	拱、墙	2.0～3.0	1.0～1.2	局部@25×25	—	—	30～35	—

续上表

围岩级别	初期支护							二次衬砌厚度(cm)	
	喷射混凝土厚度(cm)		锚杆(m)			钢筋网间距(cm)	钢架		拱、墙混凝土	仰拱混凝土
	拱、墙	仰拱	位置	长度	间距		间距(m)	截面高(cm)		
Ⅳ	12~20	—	拱、墙	2.5~3.0	0.8~1.2	拱、墙@25×25	拱、墙0.8~1.2	0 或 12~16	35~40	0 或 35~40
Ⅴ	18~26	18~26	拱、墙	3.0~3.5	0.6~1.0	拱、墙@20×20	拱、墙、仰拱0.6~1.0	14~22	35~50 钢筋混凝土	35~50 钢筋混凝土
Ⅵ	通过试验、计算确定								

注:1. 有地下水时可取大值,无地下水时可取小值。
2. 采用钢架时,宜选用格栅钢架。
3. 喷射混凝土厚度小于18cm时,可不设钢架。
4. "0 或…"表示可以不设,要设时,应满足最小厚度要求。

三车道隧道复合式衬砌的设计参数　　　　　　　　　　　　表 5-2

围岩级别	初期支护							二次衬砌厚度(cm)	
	喷射混凝土厚度(cm)		锚杆(m)			钢筋网间距(cm)	钢架		拱、墙混凝土	仰拱混凝土
	拱、墙	仰拱	位置	长度	间距		间距(m)	截面高(cm)		
Ⅰ	5~8	—	局部	2.0~3.5	—				30~35	
Ⅱ	8~12	—	局部	2.0~3.5	—				30~35	
Ⅲ	12~20	—	拱、墙	2.5~3.5	1.0~1.2	拱、墙@25×25	拱、墙1.0~1.2	0 或 14~16	35~45	—
Ⅳ	16~24	—	拱、墙	3.0~3.5	0.8~1.2	拱、墙@20×20	拱、墙0.8~1.2	16~20	40~50 钢筋混凝土	0 或 40~50 钢筋混凝土
Ⅴ	20~28	20~28	拱、墙	3.5~4.0	0.5~1.0	拱、墙@20×20	拱、墙、仰拱0.5~1.0	18~22	50~60 钢筋混凝土	50~60 钢筋混凝土
Ⅵ	通过试验、计算确定								

注:1. 有地下水时可取大值,无地下水时可取小值。
2. 采用钢架时,宜选用格栅钢架。
3. 喷射混凝土厚度小于18cm时,可不设钢架。
4. "0 或…"表示可以不设,要设时,应满足最小厚度要求。

第二节　隧道二衬结构安全系数的计算方法

隧道支护结构构件应根据承载能力极限状态和正常使用极限状态的要求分别按下列规定进行计算和验算:

(1)承载能力及稳定:对所有承担荷载的结构构件均应进行承载力计算。当构件有可能产生倾覆和滑移时,则应进行抗倾覆和抗滑移验算;处于地震区的结构,还应按规定要求进行结构构件的抗震承载能力计算。

(2)变形。对使用上需要控制变形的结构构件,应进行变形验算。

(3)抗裂及裂缝宽度:对使用上要求不出现裂缝的构件,应进行混凝土拉应力验算;对使用上容许出现裂缝的构件,应进行裂缝宽度验算;对叠合式受弯构件,还应进行钢筋拉应力验算。

一、隧道结构荷载承载力极限状态的校验

1. 综合安全系数法

由《公路隧道设计细则》(JTG/T D70—2010)可知,可采用综合安全系数法校验隧道的结构强度,则隧道结构的强度应该满足式(5-1)的要求。

$$KS(F_r, \alpha_d) \leq R(f_d, \alpha_d, C) \tag{5-1}$$

式中:$S(\cdot)$——与作用在结构之上的荷载相关的作用效应函数;

$R(\cdot)$——与结构材料强度及几何尺寸相关的结构抗力函数;

F_r——作用在结构上的荷载代表值;

f_d——结构强度的参数代表值(具体值可见附录B);

α_d——结构的几何参数代表值;

C——结构的极限约束值;

K——综合安全系数,可见表5-3。

综合安全系数表　　　　　　　　表5-3

材料类型	强度类型	符号	永久荷载+基本可变荷载	永久荷载+基本可变荷载+其他可变荷载	永久荷载+基本可变荷载+其他可变荷载+偶然组合	永久荷载+基本可变荷载+其他可变荷载+偶然组合+验算组合
加固处理的岩体	达到抗压极限强度	K_{sy}	3.0	2.7	2.3	2.3
	达到抗剪极限强度	K_{sj}	3.0	2.7	2.3	2.3
砌体	达到抗压极限强度	K_{qy}	2.7	2.3	2.0	2.0
	达到抗剪极限强度	K_{qj}	2.7	2.3	2.0	2.0
混凝土	达到抗压极限强度	K_{hy}	2.4	2.0	1.8	1.8
	达到抗剪极限强度	K_{hj}	2.4	2.0	1.8	1.8
	达到抗拉极限强度	K_{hl}	3.6	3.0	2.7	2.7
钢筋混凝土	混凝土达到抗压极限强度	K_{hy}	2.0	1.7	1.5	1.5
	混凝土达到抗剪极限强度	K_{hj}	2.0	1.7	1.5	1.5
	混凝土达到抗拉极限强度	K_{hl}	2.4	2.0	1.8	1.8
	钢筋达到抗压标准强度	K_{gy}	2.0	1.7	1.5	1.5
	钢筋达到抗拉标准强度	K_{gl}	2.0	1.7	1.5	1.5

续上表

材料类型	强度类型	符号	永久荷载+基本可变荷载	永久荷载+基本可变荷载+其他可变荷载	永久荷载+基本可变荷载+其他可变荷载+偶然组合	永久荷载+基本可变荷载+其他可变荷载+偶然组合+验算组合
钢结构	达到抗压标准强度	K_{gy}	2.0	1.7	1.5	1.5
	达到抗拉标准强度	K_{gl}	2.0	1.7	1.5	1.5

注：表中的钢结构是指锚杆、钢拱架等支护结构。

2. 分项系数法

在进行隧道结构承载能力极限状态校核计算过程中，也可按分项系数法验算结构强度，此时的结构强度满足式(5-2)的要求。

$$\gamma_0 \gamma_1 S(\gamma_f F_r, \alpha_d) \leq R(f_d/\gamma_d, \alpha_d, C) \tag{5-2}$$

式中：$S(\cdot)$——与作用在结构之上的荷载相关的作用效应函数；

$R(\cdot)$——与结构材料强度及几何尺寸相关的结构抗力函数；

F_r——作用在结构上的荷载代表值；

f_d——结构强度的参数代表值（具体值可见附录B）；

α_d——结构的几何参数代表值；

C——结构的极限约束值；

γ_0——构件工作条件系数，见表5-4；

γ_1——结构附加安全系数，见表5-5；

γ_f——作用在结构之上的荷载分项系数，可查《公路隧道设计细则》；

γ_d——结构材料及岩石的分项系数，可查《公路隧道设计细则》。

构件工作条件系数　　　　　　　　表5-4

结构安全等级	分项系数	结构安全等级	分项系数
一级	1.1	三级	0.9
二级	1.0	施工阶段	0.8

结构附加安全系数　　　　　　　　表5-5

结构类型	分项系数	结构类型	分项系数
明挖法修筑的结构	1.1	明洞、棚洞、洞门等结构	1.0

二、二衬结构安全系数的计算

在山岭隧道设计中，二衬结构一般采用模筑混凝土衬砌，故计算二衬结构的安全系数，即是为了检验二衬混凝土结构的稳定性。对混凝土的强度一般是校验混凝土的抗压强度和抗拉强度。混凝土结构在矩形截面轴心及偏心受压构件的强度应满足下式：

$$KN \leq \varphi \alpha R_a bh \tag{5-3}$$

式中：R_a——混凝土的极限抗压强度，按附录B-5采用；

N——轴向力(kN);
b——截面宽度(m);
h——截面厚度(m);
φ——构件纵向弯曲系数,对于贴壁式隧道衬砌、明洞拱圈及墙背紧密回填的边墙,可取 $\varphi = 1$,对于其他构件,应根据长细比按表5-6取值;
α——轴向力的偏心影响系数,按表5-7取值;
K——综合安全系数,可见表5-3。

混凝土构件的纵向弯曲系数　　　　表5-6

H/h	<4	4	6	8	10	12	14	16
纵向弯曲系数 φ	1.00	0.98	0.96	0.91	0.86	0.82	0.77	0.72
H/h	18	20	22	24	26	28	30	
纵向弯曲系数 φ	0.68	0.63	0.59	0.55	0.51	0.47	0.44	

注:H 为构件的高度;h 为截面短边的边长。

偏心影响系数 α　　　　表5-7

e_0/h	α	e_0/h	α	e_0/h	α	e_0/h	α	e_0/h	α
0.00	1.000	0.10	0.954	0.20	0.750	0.30	0.480	0.40	0.236
0.02	1.000	0.12	0.923	0.22	0.698	0.32	0.426	0.42	0.199
0.04	1.000	0.14	0.886	0.24	0.645	0.34	0.374	0.44	0.170
0.06	0.996	0.16	0.845	0.26	0.590	0.36	0.324	0.46	0.142
0.08	0.979	0.18	0.799	0.28	0.535	0.38	0.278	0.48	0.123

注:e_0 为轴向力偏心距。

混凝土结构在受拉情况下的安全系数计算,是为了校验二衬结构的抗拉强度,具体可通过式(5-4)计算二衬结构是否满足抗拉强度的要求。

$$KN \leqslant \varphi \frac{1.75R_l bh}{\frac{6e_0}{h} - 1} \tag{5-4}$$

式中:R_l——混凝土的极限抗拉强度,按附录B-5采用;

式中其他符号意义同前。

第三节　隧道二衬结构的数值计算

一、单洞隧道围岩压力计算

围岩压力的计算应综合考虑隧道所处地形条件、地质条件、隧道跨度、结构形式、埋置深度、隧道间距以及开挖方法等因素。现根据《公路隧道设计规范　第一册　土建工程》(JTG 3370.1—2018)的有关规定进行各级围岩压力计算。

(1)单洞隧道深埋与浅埋的判定,应按荷载等效高度,并结合地质条件、施工方法等因素按式(5-5)综合判定。

$$H_p = (2 \sim 2.5) h_q \tag{5-5}$$

$$h_q = \frac{q}{\gamma} \tag{5-6}$$

式中:H_p——深埋、浅埋隧道分界深度(m);

h_q——荷载等效高度(m),按式(5-6)计算;

q——按式(5-7)计算出的深埋隧道垂直压力(kN/m²);

γ——围岩重度(kN/m³)。

采用矿山法施工时,Ⅳ~Ⅵ级围岩取 $H_p = 2.5 h_q$;Ⅰ~Ⅲ级围岩取 $H_p = 2.0 h_q$。

(2)深埋单洞隧道的围岩压力计算。

拱部竖向围岩压力可按经验式(5-7)计算:

$$q = \gamma h \tag{5-7}$$

$$h = 0.45 \times 2^{s-1} \omega \tag{5-8}$$

$$\omega = 1 + i(B_t - 5) \tag{5-9}$$

式中:q——垂直均布压力(kN/m²);

h——荷载等效高度(m),按式(5-8)计算;

γ——围岩重度(kN/m³);

s——围岩级别;

ω——宽度影响系数,按(5-9)计算;

B_t——隧道最大开挖跨度,应考虑超挖影响(m);

i——以 $B_t = 5m$ 为基准,B_t 每增减1m时的围岩压力增减率;当$B_t < 5m$ 时,取 $i = 0.2$;当 $B_t > 5m$ 时,取 $i = 0.1$。

注:应用式(5-7)时,必须同时具备下列条件:

①采用以钻爆法施工为主的隧道。

② $H/B < 1.7$,H 为隧道开挖高度(m),B 为隧道开挖跨度(m)。

③不产生显著偏压及膨胀力的一般围岩。

④深埋隧道。

深埋单洞隧道的水平围岩压力可按表5-8 计算:

围岩水平均布压力　　表5-8

围岩级别	Ⅰ、Ⅱ	Ⅲ	Ⅳ	Ⅴ	Ⅵ
水平均布围岩压力	0	<0.15q	(0.15~0.3)q	(0.3~0.5)q	(0.5~1.0)q

注:q 为围岩竖向均布压力。

(3)浅埋无偏压单洞道的围岩压力。

①埋深 H 小于或等于等效荷载高度 h_q。

a. 垂直压力:

$$q = \gamma H \tag{5-10}$$

式中:q——垂直均布压力(kN/m²);

H——隧道埋深,即隧道拱部至地面的垂直距离(m);
γ——隧道上覆围岩重度(kN/m^3)。

b. 侧向压力:

$$e = \gamma \left(H + \frac{H_t}{2}\right) \tan\left(45° - \frac{\varphi_c}{2}\right) \quad (5-11)$$

式中:e——侧向均布压力(kN/m^2);
H_t——隧道高度(m);
φ_c——围岩计算摩擦角(°)。

② 埋深大于 h_q 而小于或等于 H_p(计算示意图见图5-2)。

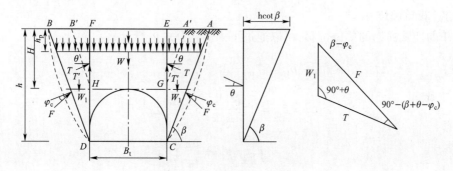

图5-2 浅埋隧道荷载计算示意图

垂直压力:

$$q = \gamma H \left(1 - \frac{\lambda H \tan\theta}{B_t}\right) \quad (5-12)$$

式中:B_t——隧道开挖跨度(m);
θ——顶板土柱两侧破裂面摩擦角(°),经验值,无实测资料时可按表5-9规定采用;
λ——侧压力系数;

$$\lambda = \frac{\tan\beta - \tan\varphi_c}{\tan\beta[1 + \tan\beta(\tan\varphi_c - \tan\theta) + \tan\varphi_c\tan\theta]} \quad (5-13)$$

β——产生最大推力时的破裂角(°)。

$$\tan\beta = \tan\varphi_c + \sqrt{\frac{(\tan^2\varphi_c + 1)\tan\varphi_c}{\tan\varphi_c - \tan\theta}} \quad (5-14)$$

各级围岩的 θ 值 表5-9

围岩级别	Ⅰ、Ⅱ、Ⅲ	Ⅳ	Ⅴ	Ⅵ
θ 值	$0.9\varphi_c$	$(0.7-0.9)\varphi_c$	$(0.5-0.7)\varphi_c$	$(0.3-0.5)\varphi_c$

二、曲墙式衬砌计算

在隧道中,由于衬砌一般将要承受较大的垂直方向和水平方向的围岩压力,故在进行设计时常常采用曲墙式衬砌形式。它主要由拱圈、曲边墙和底板组成,有向上的底部压力时设仰拱。曲墙式衬砌常用于Ⅳ~Ⅵ级较差围岩中,拱圈和曲边墙作为一个整体按无铰拱计算，施工时仰拱是在无铰拱且已受力之后修建的，所以一般不考虑仰拱对衬砌内力的影响。半衬砌计算的一般过程为（具体计算参考王成主编《隧道工程》附录中拱形曲墙式衬砌结构算例）：

（1）荷载计算。

衬砌受到的荷载主要是围岩竖向均布围岩压力和围岩水平均布压力，可分别通过上一部分介绍的隧道围岩压力计算公式进行计算。

（2）计算衬砌的几何要素。

这一部分主要计算出曲墙式衬砌的几何尺寸和半轴线长度以及分段轴长，然后还要计算出各分块接缝截面中心的几何要素。

（3）计算单位位移。

对于曲墙式衬砌的单位位移，可以通过下列简化公式进行计算：

$$\delta_{11} = \int_0^s \frac{M_1}{E_h I} dS \approx \frac{\Delta S}{E_h} \sum \frac{1}{I} \tag{5-15}$$

$$\delta_{21} = \delta_{12} = \int_0^s \frac{M_1 M_2}{E_h I} dS \approx \frac{\Delta S}{E_h} \sum \frac{y}{I} \tag{5-16}$$

$$\delta_{22} = \int_0^s \frac{M_2^2}{E_h I} dS \approx \frac{\Delta S}{E_h} \sum \frac{y^2}{I} \tag{5-17}$$

（4）计算载位移——主动荷载在基本结构中引起的位移。

衬砌结构的载位移包括两部分位移，分别为主动荷载在基本结构中引起的位移和单位弹性抗力及相应的摩擦力引起的位移。

主动荷载在基本结构中引起的位移的计算公式如下：

$$\Delta_{1p} = \int_0^s \frac{M_1 M_p^0}{E_h I} dS \approx \frac{\Delta S}{E_h} \sum \frac{M_p^0}{I} \tag{5-18}$$

$$\Delta_{2p} = \int_0^s \frac{M_2 M_p^0}{E_h I} dS \approx \frac{\Delta S}{E_h} \sum \frac{M_p^0}{I} \tag{5-19}$$

单位弹性抗力及相应的摩擦力引起的位移的计算公式如下：

$$\Delta_{1\sigma} = \int_0^s \frac{M_1 M_\sigma^0}{E_h I} dS \approx \frac{\Delta S}{E_h} \sum \frac{M_\sigma^0}{I} \tag{5-20}$$

$$\Delta_{2\sigma} = \int_0^s \frac{M_2 M_\sigma^0}{E_h I} dS \approx \frac{\Delta S}{E_h} \sum \frac{M_\sigma^0}{I} \tag{5-21}$$

（5）解力法方程。

根据拱顶截面相对变位为零的条件，可以列出力法方程如下：

$$X_{1p}\delta_{11} + X_{2p}\delta_{12} + \Delta_{1p} + \beta_{ap} = 0$$

$$X_{1p}\delta_{21} + X_{2p}\delta_{22} + \Delta_{2p} + f\beta_{ap} + u_{ap} = 0$$

（6）计算主动荷载和被动荷载（$\sigma_h = 1$）分别产生的衬砌内力。

各截面的弯矩和轴力分别为：

$$M_p = X_{1p} + X_{2p}y + M_p^0 \tag{5-22}$$

$$N_p = X_{2p}\cos\theta + N_p^0 \tag{5-23}$$

$$M_\sigma = X_{1\sigma} + X_{2\sigma} y + M_\sigma^0 \tag{5-24}$$

$$N_\sigma = X_{2\sigma} \cos\theta + N_\sigma^0 \tag{5-25}$$

(7)最大抗力值的求解。

最大抗力值可按下式进行计算：

$$\delta_{hp} = \frac{\Delta s}{E} \sum \frac{M_p}{J}(y_h - y)$$

$$\delta_{h\sigma} = \frac{\Delta s}{E} \sum \frac{M_\sigma}{J}(y_h - y)$$

最大抗力值为：

$$\delta_h = \frac{\delta_{hp}}{\dfrac{1}{K} - \delta_{h\sigma}}$$

(8)计算衬砌总内力。

衬砌总内力计算公式为：

$$M = M_p + M_{\sigma h} \tag{5-26}$$

$$N = N_p + N_{\sigma h} \tag{5-27}$$

(9)截面强度验算。

主要对隧道衬砌的几个主要控制截面进行验算，包括拱顶截面、拱腰截面以及墙底偏心检查。

三、荷载—结构法

隧道二衬结构的稳定性一般常采用荷载—结构法进行模拟验算，当隧道支护结构在稳定洞室过程中起主要作用、承担外部荷载较明确、自重荷载可能控制结构强度时，宜采用荷载—结构模型进行内力计算，并对其极限状态进行校核。荷载结构法的设计原理认为，隧道开挖后地层的作用主要是对衬砌结构产生荷载，衬砌结构应能安全可靠地承受地层压力等荷载的作用。计算时，应先按地层分类法或由实用公式确定地层压力，然后按照弹性地基上的结构物的计算方法计算衬砌的内力，并进行结构截面设计。根据《公路隧道设计规范　第一册　土建工程》(JTG 3370.1—2018)、《公路隧道设计细则》(JTG/T D70—2010)中计算二次衬砌内力的相关规定，采用荷载—结构法对二次衬砌结构进行内力计算。

本节通过用有限元软件进行的实际模拟来介绍荷载—结构法的计算过程。荷载—结构法计算衬砌结构的内力，采用 MIDAS GTSnx 结构有限元分析软件进行。

1. 在有限元模型建立过程中的注意点

(1)尽可能使模型的约束情况与衬砌结构的实际情况相接近，通过多次优化使得计算结果与结构实际受力相近。

(2)衬砌简化为 1D 梁单元，梁的轴线为二衬厚度中线位置。

(3)围岩抗力作用用曲面弹簧单元模拟，以铰接方式支承在弹性抗力区衬砌梁单元节点上，该单元不能承受弯矩，只有在受压时承受轴力，受拉时失效。

(4)进行网格组划分时，尺寸控制要适当。根据衬砌结构尺寸各部分分别划分。

(5)衬砌结构上的荷载通过等效换算,以竖直和水平集中力的模式直接施加到单元节点上。

(6)衬砌结构自重通过施加加速度来实现,不再单独施加节点力。

2. 主体隧道二次衬砌建模计算

材料基本参数如下。

二次衬砌截面尺寸:$b \times h = 1000\text{mm} \times 450\text{mm}$。

C40 混凝土参数:弹性模量 $E_c = 3.25 \times 10^4 \text{MPa}$,泊松比 $\mu = 0.2$。

钢筋混凝土 $\gamma = 25.0 \text{kN/m}^3$。

弹性抗力系数 $K = 400\text{MPa/m}$。

荷载如下:

垂直均布荷载:$q = 177.12\text{kPa}$。

水平侧向荷载:$e_1 = 63.03\text{kPa}$、$e_2 = 191.29\text{kPa}$。

有限元计算荷载如图 5-3 所示。

计算结果如图 5-4~图 5-7 所示。

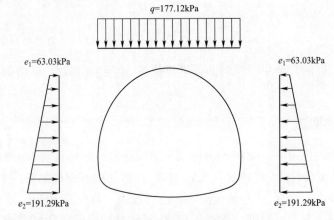

图 5-3 有限元计算荷载图

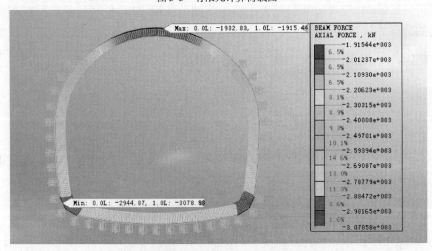

图 5-4 主体隧道(Ⅳ级围岩)衬砌结构轴力图

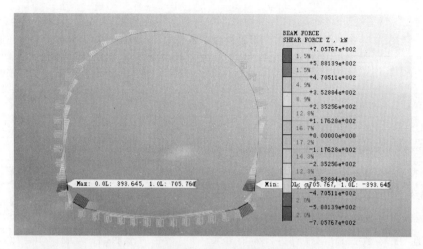

图 5-5　主体隧道（Ⅳ级围岩）衬砌结构剪力图

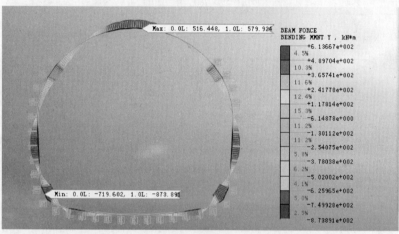

图 5-6　主体隧道（Ⅳ级围岩）衬砌结构弯矩图

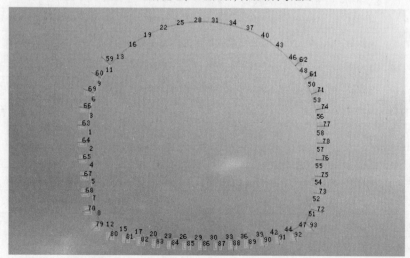

图 5-7　主体隧道（Ⅳ级围岩）衬砌结构单元编号图

主体隧道(Ⅳ级围岩)衬砌结构各单元(0L~4L)弯矩和轴力见表5-10。

主体隧道(Ⅳ级围岩)衬砌结构各单元(0L~4L)弯矩和轴力表　　表5-10

单元编号	M_0 (kN·m)	N_0 (kN)	M_1 (kN·m)	N_1 (kN)	M_2 (kN·m)	N_2 (kN)	M_3 (kN·m)	N_3 (kN)	M_4 (kN·m)	N_4 (kN)
1	76	−2619	199	−2625	301	−2630	384	−2636	445	−2642
2	445	−2637	510	−2645	552	−2652	574	−2660	572	−2668
3	−245	−2617	−137	−2624	−47	−2632	24	−2639	76	−2645
4	572	−2668	573	−2678	550	−2687	504	−2697	435	−2707
5	435	−2712	366	−2724	272	−2736	154	−2748	11	−2760
6	−419	−2602	−349	−2615	−296	−2627	−261	−2639	−245	−2650
7	11	−2772	−133	−2786	−302	−2801	−498	−2815	−720	−2830
8	−720	−2945	−731	−2978	−760	−3011	−808	−3045	−874	−3079
9	−637	−2560	−555	−2578	−492	−2595	−446	−2612	−419	−2628
11	−666	−2490	−630	−2512	−613	−2534	−615	−2555	−637	−2576
12	−874	−2970	−694	−2972	−514	−2974	−332	−2977	−148	−2979
13	−485	−2377	−494	−2403	−527	−2429	−584	−2455	−666	−2480
15	−148	−2806	−9	−2807	132	−2808	274	−2809	418	−2810
16	−217	−2249	−245	−2276	−299	−2302	−379	−2328	−485	−2353
17	418	−2802	406	−2803	396	−2804	387	−2805	380	−2805
19	76	−2124	46	−2148	−14	−2173	−101	−2196	−217	−2220
20	380	−2808	333	−2809	288	−2810	245	−2810	203	−2811
22	338	−2018	318	−2038	268	−2057	187	−2076	76	−2095
23	203	−2815	167	−2816	132	−2816	98	−2817	67	−2817
25	516	−1945	520	−1958	491	−1971	430	−1983	338	−1995
26	67	−2820	47	−2820	30	−2820	13	−2821	−2	−2821
28	580	−1915	613	−1920	614	−1924	581	−1928	516	−1933
29	−2	−2822	−8	−2822	−14	−2822	−18	−2822	−20	−2822
30	−20	−2822	−18	−2822	−14	−2822	−8	−2822	−2	−2822
31	516	−1933	581	−1928	614	−1924	613	−1920	580	−1915
33	−2	−2821	13	−2821	30	−2820	47	−2820	67	−2820
34	338	−1995	430	−1983	491	−1971	520	−1958	516	−1945
36	67	−2817	98	−2817	132	−2816	167	−2816	203	−2815
37	76	−2095	187	−2076	268	−2057	318	−2038	338	−2018
39	203	−2811	245	−2810	288	−2810	333	−2809	380	−2808
40	−217	−2220	−101	−2196	−14	−2173	46	−2148	76	−2124

续上表

单元编号	M_0 (kN·m)	N_0 (kN)	M_1 (kN·m)	N_1 (kN)	M_2 (kN·m)	N_2 (kN)	M_3 (kN·m)	N_3 (kN)	M_4 (kN·m)	N_4 (kN)
42	380	−2805	387	−2805	396	−2804	406	−2803	418	−2802
43	−485	−2353	−379	−2328	−299	−2302	−245	−2276	−217	−2249
44	418	−2810	274	−2809	132	−2808	−9	−2807	−148	−2806
46	−666	−2480	−584	−2455	−527	−2429	−494	−2403	−485	−2377
47	−148	−2979	−332	−2977	−514	−2974	−694	−2972	−874	−2970
48	−637	−2576	−615	−2555	−613	−2534	−630	−2512	−666	−2490
50	−419	−2628	−446	−2612	−492	−2595	−555	−2578	−637	−2560
51	−874	−3079	−808	−3045	−760	−3011	−731	−2978	−720	−2945
52	−720	−2830	−498	−2815	−302	−2801	−133	−2786	11	−2772
53	−245	−2650	−261	−2639	−296	−2627	−349	−2615	−419	−2602
54	11	−2760	154	−2748	272	−2736	366	−2724	435	−2712
55	435	−2707	504	−2697	550	−2687	573	−2678	572	−2668
56	76	−2645	24	−2639	−47	−2632	−137	−2624	−245	−2617
57	572	−2668	574	−2660	552	−2652	510	−2645	445	−2637
58	445	−2642	384	−2636	301	−2630	199	−2625	76	−2619

3. 二次衬砌截面强度验算

二次衬砌截面强度验算可以通过本章第二节的安全系数的计算进行。

计算结果如图 5-8 ~ 图 5-17 所示。

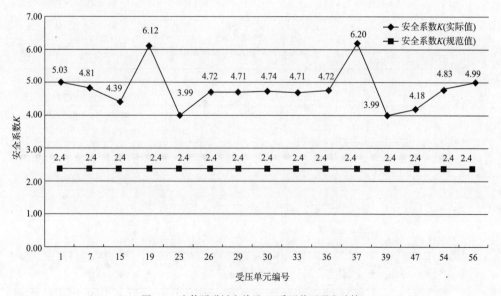

图 5-8　主体隧道衬砌单元 OL 受压截面强度验算

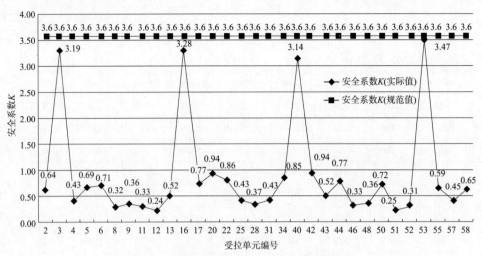

图 5-9　主体隧道衬砌单元 0L 受拉截面强度验算

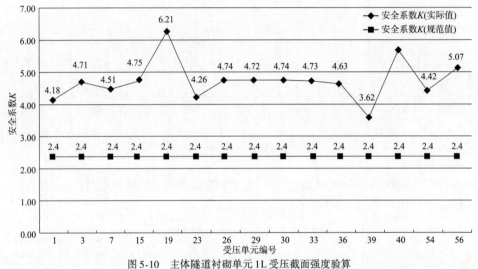

图 5-10　主体隧道衬砌单元 1L 受压截面强度验算

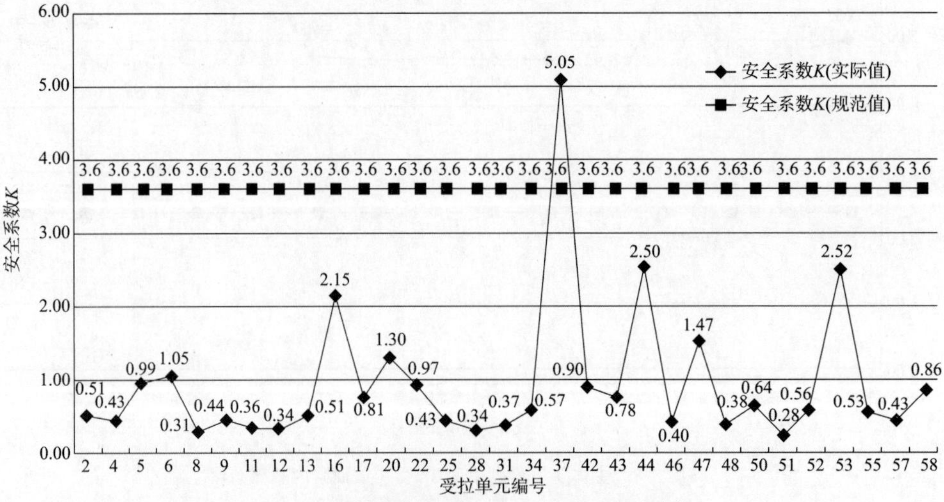

图 5-11　主体隧道衬砌单元 1L 受拉截面强度验算

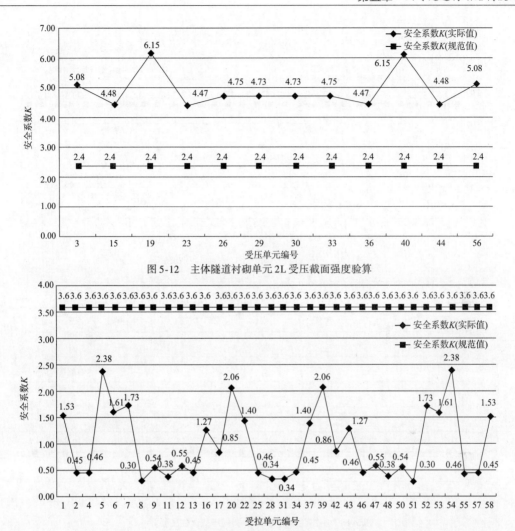

图 5-12　主体隧道衬砌单元 2L 受压截面强度验算

图 5-13　主体隧道衬砌单元 2L 受拉截面强度验算

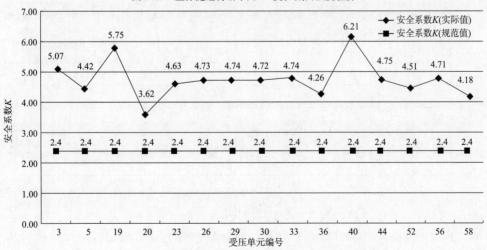

图 5-14　主体隧道衬砌单元 3L 受压截面强度验算

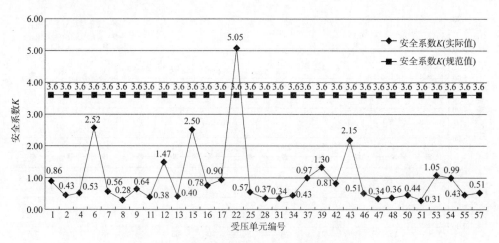

图 5-15 主体隧道衬砌单元 3L 受拉截面强度验算

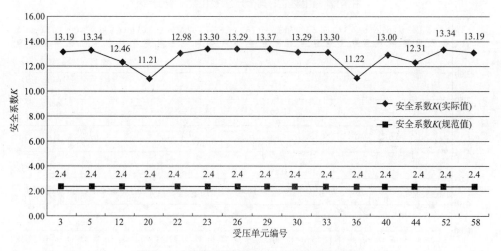

图 5-16 主体隧道衬砌单元 4L 受压截面强度验算

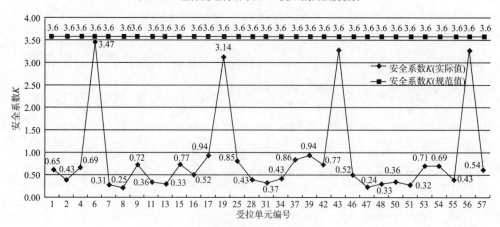

图 5-17 主体隧道衬砌单元 4L 受拉截面强度验算

从计算结果可以得出,Ⅳ级围岩衬砌受压截面均满足抗压强度要求,受拉截面几乎均不满足抗拉强度要求,需根据规范按最大弯矩截面配筋。最不利位置位于仰拱拱脚处。

四、二衬配筋计算

根据《铁路隧道设计规范》(TB 10003—2016)、《混凝土结构设计规范》(GB 50010—2010)和《结构设计原理》(叶见曙,第三版)中有关截面配筋计算的内容,对隧道二次衬砌进行配筋设计,并对钢筋混凝土结构进行抗拉、抗压、裂缝宽度以及正截面强度验算。

1. 截面配筋设计

已知截面尺寸 $b \times h = 1000\mathrm{mm} \times 450\mathrm{mm}$,受压杆件计算长度取 $l_0 = 1000\mathrm{mm}$,混凝土强度等级 C40,抗压强度设计值 $f_{cd} = 19.1\mathrm{MPa}$,纵向受力钢筋采用 HRB400,其抗拉抗压强度设计值 $f_{sd} = f'_{sd} = 330\mathrm{MPa}$,轴力设计值 $N_d = 3078.58\mathrm{kN}$,弯矩设计值 $M_d = 873.891\mathrm{kN \cdot m}$,I 类环境条件,取钢筋保护层厚度 $c = 35\mathrm{mm}$。

2. 偏心受压计算

(1) 计算相对界限受压区高度 ξ_b。

$\alpha_1 = 1.0, \beta_1 = 0.8$

$$\xi_b = \frac{\beta_1}{1 + \dfrac{f_{sd}}{E_s \varepsilon_{cu}}} = \frac{0.8}{1 + \dfrac{330}{2 \times 10^5 \times 0.0033}} = 0.53$$

(2) 计算轴向压力作用点至钢筋合力点距离 e。

取 $a_s = a'_s = 50\mathrm{mm}$,则 $h_0 = h - a_s = 450 - 50 = 400\mathrm{mm}$

$$e_0 = \frac{M_d}{N_d} = \frac{873.891 \times 10^6}{3078.58 \times 10^3} = 283.86\mathrm{mm} > 0.3h_0 = 120\mathrm{mm}, 取 e_\alpha = 0$$

$$e_i = e_0 + e_\alpha = 283.86 + 0 = 283.86\mathrm{mm}$$

据《铁路隧道设计规范》(TB 10003—2016)中 10.2.3 规定,隧道衬砌、明洞拱圈和墙背紧密回填的明洞边墙,可不考虑挠度对偏心距的影响,取 $\eta = 1$。

$$e_s = e_i + \frac{h}{2} - a_s = 283.86 + \frac{450}{2} - 50 = 458.86\mathrm{mm}$$

(3) 配筋计算。

假定为大偏心受压,采用对称配筋,则受压区高度为:

$$x = \frac{N}{\alpha_1 f_{cd} b} = \frac{3078.58 \times 10^3 \times 1.1}{1.0 \times 19.1 \times 1000} = 184\mathrm{mm}$$

$$\xi = \frac{x}{h_0} = \frac{184}{400} = 0.46 < \xi_b = 0.53$$

按照大偏心受压构件设计
而 $x > 2a'_s = 100\mathrm{mm}$,那么

$$A_s = A'_s = \frac{Ne_s - f_{cd} b h_0^2 \xi (1 - 0.5\xi)}{f'_{sd}(h_0 - a'_s)}$$

$$= \frac{3078.58 \times 10^3 \times 1.1 \times 458.86 - 19.1 \times 1000 \times 400^2 \times 0.46 \times (1 - 0.5 \times 0.46)}{330 \times (400 - 50)}$$

$$= 4425\mathrm{mm}^2$$

3. 轴心受压验算

由于 $l_0/b = 1000/450 = 2.2 < 8.0$,取稳定系数 $\varphi = 1.0$。

根据 $N_u = 0.9\varphi(f_{cd}A + f'_{sd}A'_s)$，

$$A'_s = \frac{\dfrac{3075.58 \times 10^3 \times 1.1}{0.9 \times 1.0} - 18.4 \times 450000}{330} = -13688.76 \text{ mm}^2$$

取 $A'_s = 0$。

4. 配筋

现每侧钢筋布置 $12\phi22$，见图 5-18，即 $A_s = A'_s = 4562 \text{mm}^2 > \rho_{min}bh = 0.225\% \times 450000 = 1012.5\text{mm}$，每侧按双层钢筋配置，$a_s = a'_s = 80\text{mm}$。

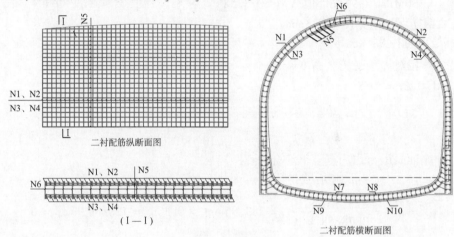

图 5-18 二衬配筋示意

根据《铁路隧道设计规范》(TB 10003—2016) 中表 10.5.5 规定，钢筋混凝土结构构件中，全部纵向钢筋的截面最小配筋率不应低于 0.6%。

$$\rho = \frac{A_s + A'_s}{bh} \times 100\% = \frac{4562 + 4562}{1000 \times 450} \times 100\% = 2.028\% > 0.5\%$$

配筋率满足要求。

二衬配筋统计见表 5-11。

二衬配筋统计表　　　　　　　　　　　　　　　　表 5-11

编号	钢筋类别	直径(mm)	每根长(m)	根数(根)	总长(m)	总质量(kg)	总质量(kg)
N1	HRB400	φ22	48.6	6	291.6	720.3	5237.2
N2		φ22	48.2	6	289.2	714.3	
N3		φ22	46.8	6	280.8	693.6	
N4		φ22	46.4	6	278.4	687.6	
N5		φ22	1.0	524	524.0	1294.3	
N6	HRB235	φ8	0.8	144	115.2	45.5	
N7	HRB400	φ22	27.7	6	166.2	410.5	
N8		φ22	20.4	6	122.4	302.3	
N9		φ22	19.5	6	117.0	289.0	
N10		φ22	23.6	6	141.6	349.8	

5. 截面复核

已知条件：

混凝土强度等级 C40，$R_a = 29.5$ MPa，$R_w = 36.9$ MPa，$R_l = 2.7$ MPa，纵向钢筋级别 HRB400，$R_g = 400$ MPa，弹性模量 $E_s = 2.0 \times 10^5$ MPa，轴力设计值 $N_d = 3078.58$ kN，弯矩设计值 $M_d = 873.891$ kN·m，I 类环境条件，取钢筋保护层厚度 $c = 35$ mm，取 $a_s = a_s' = 80$ mm，那么 $h_0 = 450 - 80 = 370$ mm。

同上，$e_i = e_0 = 283.86$ mm，则：

$$e_s = e_i + \frac{h}{2} - a_s = 283.86 + \frac{450}{2} - 80 = 428.86 \text{ mm}$$

$$e_s' = e_i - \frac{h}{2} + a_s' = 283.86 - \frac{450}{2} + 80 = 138.86 \text{ mm}$$

假定为大偏心受压，即取 $\sigma_s = f_{sd}$，由 $f_{cd} b x \left(e_s - h_0 + \frac{x}{2}\right) = f_{sd} A_s e_s - f_{sd}' A_s' e_s'$ 可解得混凝土受压区高度：

$$x = (h_0 - e_s) + \sqrt{(h_0 - e_s)^2 + \frac{2 f_{sd} A_s (e_s - e_s')}{f_{cd} b}}$$

$$= (370 - 428.86) + \sqrt{(370 - 428.86)^2 + \frac{2 \times 330 \times 4562 \times (428.86 - 138.86)}{18.4 \times 1000}}$$

$$= 190.88 \text{ mm}$$

因为 $x = 190.88 \leq \xi_b h_0 = 0.53 \times 370 = 196.1$ mm，且 $x \geq 2 a_s' = 160$ mm，所以截面为大偏心受压。由此可得，截面承载力为：

$$N_u = f_{cd} b x = 18.4 \times 1000 \times 190.88 = 3512.192 \text{ kN} > 3386.438 \text{ kN}$$

满足要求。

五、截面验算

1. 正截面承载力验算

钢筋混凝土矩形截面大偏心受压构件（$x \leq 0.53 h_0$），计算强度安全系数：

$$K = \frac{R_w b x \left(h_0 - \frac{x}{2}\right) + R_g A_s' (h_0 - a_s')}{Ne}$$

$$= \frac{36.9 \times 1000 \times 190.88 \times \left(370 - \frac{190.88}{2}\right) + 400 \times 4562 \times (370 - 80)}{3078.58 \times 10^3 \times 1.1 \times 283.86}$$

$$= 2.56 > 2.0 \text{（规范值）}$$

$$K = \frac{0.5 R_w b h_0^2}{Ne} = \frac{0.5 \times 36.9 \times 1000 \times 370^2}{3078.58 \times 10^3 \times 1.1 \times 283.86} = 2.63 > 2.0 \text{（规范值）}$$

截面尺寸满足规范要求。

2. 斜截面抗剪验算

矩形截面的受弯构件,其截面抗剪强度安全系数 K:

$$K = \frac{0.3 R_a b h_0}{Q} = \frac{0.3 \times 29.5 \times 1000 \times 370}{249.6 \times 10^3 \times 1.1} = 11.93 > 2.0（规范值）$$

截面尺寸满足要求。

$$K = \frac{0.07 R_a b h_0}{Q} = \frac{0.07 \times 29.5 \times 1000 \times 370}{249.6 \times 10^3 \times 1.1} = 2.78 > 2.0（规范值）$$

衬砌断面不需要进行斜截面抗剪强度计算,仅需要按构造配置箍筋,选择 HPB235 钢筋,$\phi 8@300\text{mm} \times 200\text{mm}$。

3. 裂缝宽度验算

《铁路隧道设计规范》(TB 10003—2016)规定,钢筋混凝土衬砌结构构件,按作用基本组合所求得的最大裂缝宽度不应大于 0.2mm。对于 $e_0 \leq 0.55 h_0$ 的偏心受压构件,可不检算裂缝宽度。

衬砌结构按正常使用极限状态下长期效应组合设计,$M = 645.954 \text{kN} \cdot \text{m}$,$N = 2279.22 \text{kN}$,则 $e_0 = \dfrac{M}{N} = \dfrac{645.954 \times 10^6}{2279.22 \times 10^3} = 283.41 \text{mm} > 0.55 h_0$。

最大裂缝宽度

$$\begin{aligned}
\omega_{\max} &= \alpha \psi \gamma (1.9 C_s + 0.08 d / \rho_{te}) \sigma_s / E_s \\
&= 2.1 \times 0.4 \times 0.7 \times (1.9 \times 35 + 0.08 \times 22/0.02) \times \frac{75.98}{2 \times 10^5} \\
&= 0.04 \text{mm} < 0.2 \text{mm}
\end{aligned}$$

故,满足要求。

其中:

$$\rho_{te} = \frac{A_s}{A_{ce}} = \frac{4562}{0.5 \times 450000} = 0.02$$

$$\psi = 1.1 - 0.65 \frac{f_{ck}}{\rho_{te} \sigma_s} = 1.1 - 0.65 \times 26.8 \div (0.02 \times 75.98) = -10.36$$

取 $\psi = 0.4$

$$\begin{aligned}
\sigma_s &= N_s(e-z)/(A_s z) \\
&= 2.27922 \times (0.28341 - 0.246) \div (4562 \times 10^{-6} \times 0.246) = 75.98 \text{MPa}
\end{aligned}$$

$$z = \left[0.87 - 0.12 \left(\frac{h_0}{e}\right)^2\right] h_0 = \left[0.87 - 0.12 \times \left(\frac{0.37}{0.28341}\right)^2\right] \times 0.37 = 0.246 < 0.87 \times 0.37 = 0.322 \text{m}$$

第四节 隧道施工稳定性的数值分析

隧道施工阶段的稳定性分析可以通过地层结构法进行模拟计算,地层结构法的设计原理是把隧道衬砌和地层视为整体共同受力的统一体系,在满足变形协调条件的前提下分别计算衬砌与地层的内力,据以验算地层的稳定性和进行结构截面设计。通常,隧道支护结构计算需要考虑地层和支护结构的共同作用,一般都是非线性的二维或三维问题,并且计算还与开挖方法、支护过程有关。对于这类复杂问题,必须采用数值方法。目前,用于隧道开挖、支护过程的数值方法有:有限元法、边界元法、有限元—边界元耦合法。

其中,有限元法是一种发展最快的数值方法,已经成为分析隧道及地下工程围岩稳定和支护结构强度计算的有力工具。有限元法可以考虑岩土介质的非均匀性、各向异性、非连续性以及几何非线性等,适用于各种实际的边界条件。但该法需要将整个结构系统离散化,进行相应的插值计算,导致数据量大,精度相对低。大型通用有限元软件 ANSYS 就可用于隧道结构的数值计算,还可以实现隧道开挖与支护以及连续开挖的模拟。

边界元法在一定程度上改进了有限元法精度,它的基本未知量只在所关心问题的边界上,如在隧道计算时,只要对分析对象的边界做离散处理,而外围的无限域则视为无边界。但该法要求分析区域的几何、物理必须是连续的。

有限元—边界元耦合法则使采用两种方法的长处,从而可取得良好的效果。如计算隧道结构,对主要区域(隧道周围区域)采用有限元法,对于隧道外部区域可按均质、线弹性模拟,这样计算出来的结果精度一般较高。

开挖过程的模拟一般通过在开挖边界上施加释放荷载实现。一个相对完整的施工阶段称为施工步,并设每个施工步包含若干个增量步,则与该施工步相应的开挖释放荷载可在所包含的增量步中逐步释放,以便较真实地模拟施工过程。具体计算中,每个增量步的荷载释放量可由释放系数控制。开挖效应可通过在开挖边界上设置释放荷载,并将其转化为等效节点力进行模拟。填筑效应可以分为两个部分进行模拟,即整体刚度的改变和新增单元自重荷载的增加。结构施作的效应可以通过整体刚度的增加及新增结构的自重对系统的影响进行模拟。结构拆除的效应可以通过整体刚度的减小和支撑内力释放来模拟,其中支撑内力的释放可以通过施加一个反向力来实现。施工过程中施加的外荷载,可相应地在增量步中用施加增量荷载来模拟。通过以上步骤,就可以用软件对隧道开挖过程进行模拟。

本节通过有限元软件 ANSYS 进行模拟,对隧道开挖过程中的稳定进行分析,根据 ANSYS 中控制单元生死可以实现材料的消除与添加,而隧道的开挖与支护就好比材料的消除与支护,因此可以在 ANSYS 中用单元生死来实现隧道开挖与支护的模拟。隧道开挖时,先直接选择被开挖掉的单元,然后将这些单元杀死,从而实现隧道的开挖模拟。进行隧道支护时,先将相应支护部分在开挖时被杀死的单元激活,单元被激活后,具有零应变状态,并且把这些单元的材料属性改为支护材料的属性,这样就实现了隧道支护的模拟。

此外,单元的生死状态还可以根据 ANSYS 的计算结果(如应力或应变)来决定。例如,在模拟过程中,用户可以将超过允许应力或允许应变的单元杀死,模拟围岩或结构的破坏。

利用 ANSYS 程序中的荷载步功能可以实现不同工况间的连续计算,从而实现对隧道连续施工的模拟。首先建立开挖隧道的有限元模型,包括将来要被杀死(挖掉)和激活(支护)的部分,在 ANSYS 模拟工程不需要重新划分网格。在前一个施工完成后,便可以直接进行下一道工序的施工,即再杀死单元(开挖)和激活单元(支护),再求解,重复步骤直至施工结束。具体步骤按以下工程案例进行,具体模拟命令流见附录 E。

一、工程背景

选取新建铁路宜昌(宜)—万州(万)铁路线上的某隧道,所选隧道位于山区,其围岩主要是泥岩和砂质泥岩,围岩地质条件较差,地下水位变化大。隧道采用台阶法施工,其隧道断面的初期支护和二次衬砌参数见表5-12。

初期支护和二衬的参数表　　　　　表5-12

项目	初期支护						二次衬砌
	锚杆			钢筋网（cm×cm）	钢拱架	喷射混凝土	
	长度	直径	间距				
参数	3.0m	25mm	1.0m	25×25	14@1.0m	20cm C20	40cm C30

围岩材料采用 Drucker-Prager 模型。

隧道围岩的物理力学指标及衬砌材料 C30 钢筋混凝土的物理力学指标如表5-13所示。

物理力学指标　　　　　表5-13

名　称	重度 $\gamma(kN/m^3)$	弹性抗力系数 $K(MPa/m)$	弹性模量 $E(GPa)$	泊松比 ν	内摩擦角 $\varphi(°)$	黏聚力 $C(MPa)$
Ⅳ级围岩	22	300	3.2	0.32	35	0.5
C20 钢筋混凝土	25	—	27.5	0.2	—	—
C30 钢筋混凝土	25	—	30	0.2	—	—

利用 ANSYS 提供的对计算单元进行生死处理的功能,来模拟隧道的分步开挖和支护过程,采用直接加载法,将岩体自重、外部恒载、列车荷载等在适当的时候加在隧道周围岩体上。

二、ANSYS 模拟施工步骤

ANSYS 模拟计算范围确定原则:通常情况下,隧道周围围岩受到隧道施工的影响的范围为隧道开挖半径的 3~5 倍。由于本隧道围岩地质情况较差,故本次模拟的范围可以适当加大,实际隧道模拟范围如下:隧道垂直方向,隧道到底部边界取为洞跨的 5 倍,隧道顶部至模型上部边界为 100m,然后根据隧道埋深情况将模型上部土体重量换算成均布荷载施加在模型上边界上;水平方向长度为洞跨的 8 倍。

模型约束情形:本实例模型左、右和下部边界均施加法向约束,上部为自由边界,除均布荷载外未受任何约束。围岩采用四节点平面单元(PLANE42)加以模拟,初期支护的锚杆单元用 LINK1 单元来模拟,二次衬砌支护用 BEAM3 来模拟。计算时首先计算溶洞存在时岩体的自重应力场,然后再根据上述方法模拟开挖过程。

ANSYS 模拟隧道施工步骤如下:

(1)建立模型。

(2)施加载荷与初始应力场模拟。

(3)开挖隧道,用杀死单元来模拟。

(4)对隧道进行支护,用激活单元并改变单元材料属性来模拟。

(5)计算结果分析。

三、隧道施工模拟结果分析

1. 隧道模拟计算示意图

隧道模拟计算示意如图 5-19~图 5-22 所示。

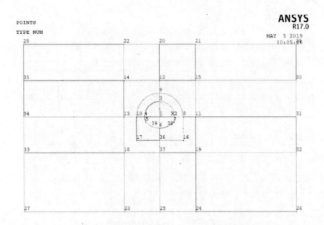

图 5-19 隧道衬砌支护线及隧道加固范围图

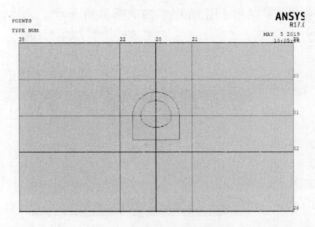

图 5-20 隧道开挖计算面模型

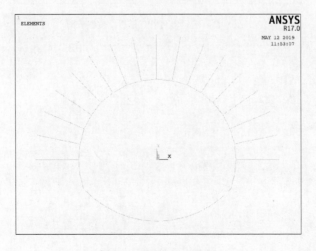

图 5-21 隧道初支示意图

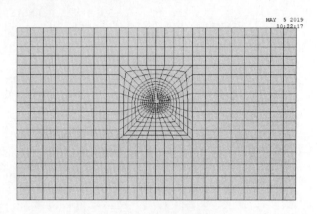

图 5-22 计算区域网格划分图

2. 隧道上台阶开挖模拟后结果云图

隧道上台阶开挖模拟后结果云图,如图 5-23 ~ 图 5-30 所示。

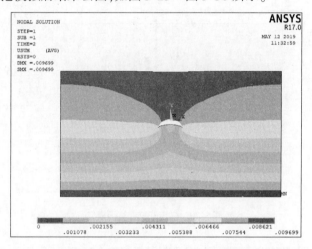

图 5-23 隧道上台阶开挖后总位移云图

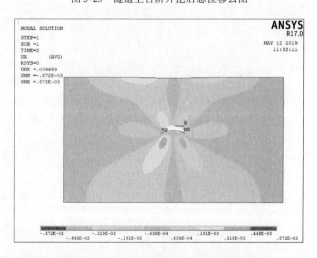

图 5-24 隧道上台阶开挖后 x 方向位移云图

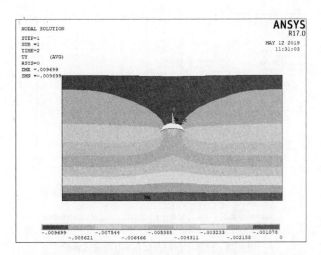

图 5-25　隧道上台阶开挖后 y 方向位移云图

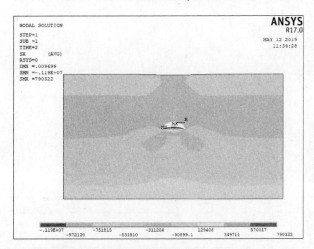

图 5-26　隧道上台阶开挖后 x 方向应力云图

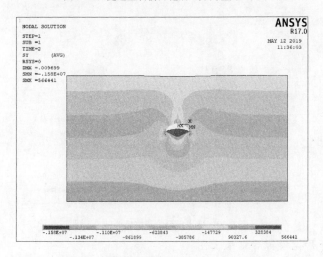

图 5-27　隧道上台阶开挖后 y 方向应力云图

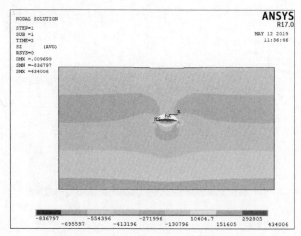

图 5-28　隧道上台阶开挖后 z 方向应力云图

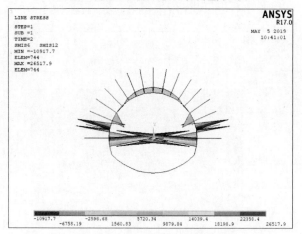

图 5-29　隧道上台阶开挖后梁弯矩云图

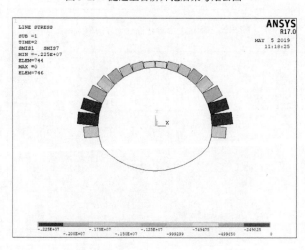

图 5-30　隧道上台阶开挖后梁轴力云图

3. 隧道下台阶开挖模拟后结果云图

隧道下台阶开挖模拟后结果云图，如图 5-31～图 5-40 所示。

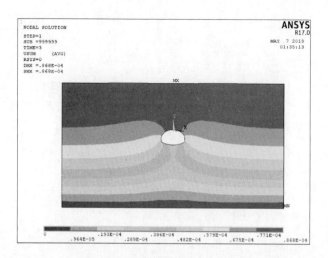

图 5-31 隧道开挖模拟后总位移云图

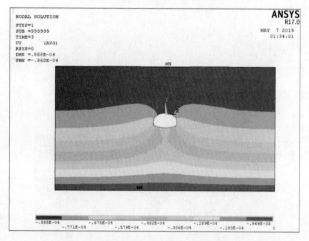

图 5-32 隧道开挖模拟后 y 方向位移云图

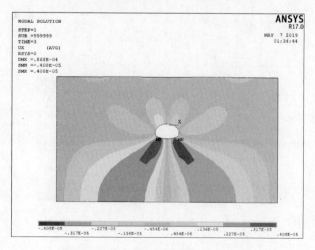

图 5-33 隧道开挖模拟 x 方向总位移云图

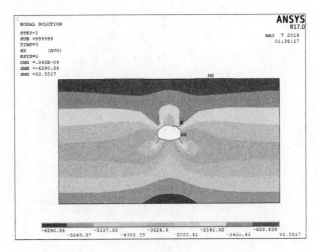

图 5-34　隧道开挖模拟后 x 方向应力云图

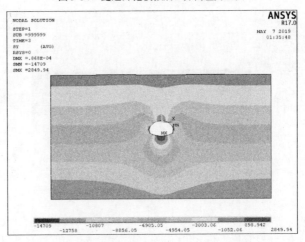

图 5-35　隧道开挖模拟后 y 方向应力云图

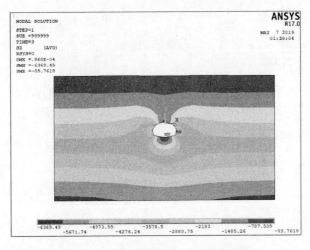

图 5-36　隧道开挖模拟后 z 方向应力云图

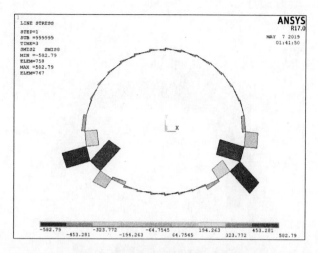

图 5-37　隧道开挖模拟后梁剪力云图

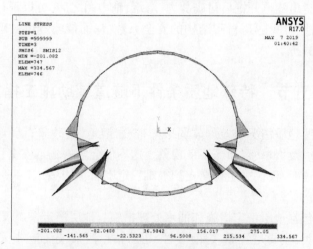

图 5-38　隧道开挖模拟后梁弯矩图

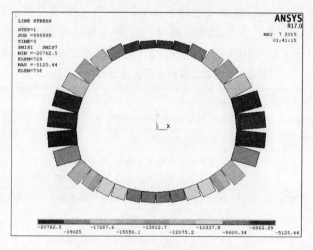

图 5-39　隧道开挖模拟后梁轴力图

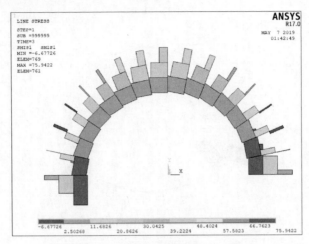

图 5-40 隧道开挖模拟后锚杆轴力图

通过以上模拟得出隧道开挖后衬砌剪力、弯矩、轴力图之后,可以根据第二节、第三节中安全系数的计算方法,计算隧道衬砌结构的安全系数,从而校验隧道衬砌结构的稳定性,完成隧道施工稳定性分析。

第五节 特殊地质条件下隧道辅助施工措施

当隧道通过一些地质情况较差如软弱破碎带、岩溶地区、砂卵石层地段时,通常会发生开挖面的围岩失稳以及坍塌、冒顶等不良现象。这不仅会影响施工安全,还会影响工程质量和隧道使用年限。这时,仅仅采用初期支护很难稳定围岩,需要采用一些辅助工程措施以加强围岩稳定性。

辅助施工措施包括地层稳定措施和涌水处理措施。地层稳定措施又可以分为对地层预支护和预加固两大类,主要是管棚、超前导管、超前钻孔注浆、超前开挖面锚杆、上半部临时仰拱封闭法、拱脚导管锚固、地表砂浆锚杆与注浆加固、墙式遮挡法等;涌水处理措施主要有注浆止水法、超前钻孔排水法、超前导洞排水法、井点降水法和深井排水法等。

是否采取辅助施工措施,应根据隧道所处地区的工程地质和水文地质条件、隧道长度、埋置深度、施工机械等方面考虑决定,在进行设计时可根据表 5-14 选用隧道辅助施工措施。

辅助工程措施及其适用条件 表 5-14

辅助施工措施		适 用 条 件
地层稳定措施	管棚法	Ⅴ级和Ⅵ级围岩,无自稳能力或浅埋隧道及其地面有荷载
	超前导管法	Ⅴ级围岩,自稳能力低
	超前钻孔注浆法	Ⅴ级和Ⅵ级软弱围岩地段、断层破碎带地段,水下隧道或富水围岩地段、塌方或涌水事故处理地段以及其他不良地质地段
	超前锚杆法	Ⅳ~Ⅴ级围岩,开挖数小时内可能剥落或局部坍塌施
	拱脚导管锚固法	Ⅴ级围岩,自稳能力低
	地表锚杆与注浆加固法	Ⅴ级围岩浅埋地段和埋深≤50m 的隧道
	墙式遮挡法	浅埋隧道,且隧道上方两侧(或一侧)地面有建筑物

续上表

辅助施工措施		适用条件
涌水处理措施	注浆止水法	地下水丰富且排水时挟带泥沙引起开挖面失稳,或排水后对其他用水影响较大的地段
	超前钻孔排水法	开挖面前方有高压地下水或有充分补给源的涌水,且排放地下水不会影响围岩稳定及隧道周围环境条件
	超前导洞排水法	同上
	井点降水法	渗透系数为0.6~80m/d的匀质砂土及亚黏土地段
	深井降水法	覆盖较浅的均质砂土及亚黏土地层

一、管棚法

管棚是将钢管安插在已钻好的孔中,沿隧道开挖轮廓外排列形成钢管棚,管内注浆,并与型钢钢架组合成预支护系统,以支承和加固自稳能力极低的围岩。管棚法的特点是支护能力强大,适用于含水的砂土质地层或破碎带,以及浅埋隧道或地面有重要建筑物地段。管棚法的形状见图5-41。

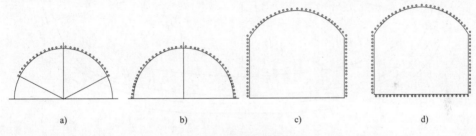

图5-41 管棚形状图

管棚钢管布置的形状与隧道开挖面形状相似,钢管中心距开挖轮廓线的距离为100~200mm。拱部管棚设0.5°~2°的外倾角,避免纵向管棚钢管侵入隧道开挖轮廓线内。管棚导管环向间距应视管棚用途而定,如果考虑防塌和防水,钢管间距一般为35~50cm,在围岩为含水的砂土质地层、松散碎石层、回填地层、破碎围岩粒径较小的地层取小值。导管上的注浆孔孔径宜为10~16mm,间距15~20cm,呈梅花形布置。其施工流程为:制作管棚钢架→测设中线和水平基点→检查已开挖断面尺寸及形状→安设管棚钢架→钻管棚钢管孔眼→安设管棚钢管→开挖断面→喷射混凝土→安设初期支护钢架、喷锚。

管棚一次支护的钢管长度一般为10~45m,支护长度8~40m,根据需超前支护的隧道长度确定。需采用管棚超前支护的隧道长度大于40m时,一般采用其他超前支护措施继续延伸,也可采用两次管棚支护。两次管棚支护间、管棚与其他超前支护之间应有不小于3.0m的水平搭接长度,以保证钢管远端的有效支撑。管棚长度小于10m,采用管棚作为超前支护不经济,可考虑采用其他超前支护措施。需做超前支护的地段长度在10~40m内时,为保证开挖后管棚远端仍有足够的超前支护长度,钢管需伸入稳定地层不小于3.0m。管棚布置如图5-42、图5-43所示。

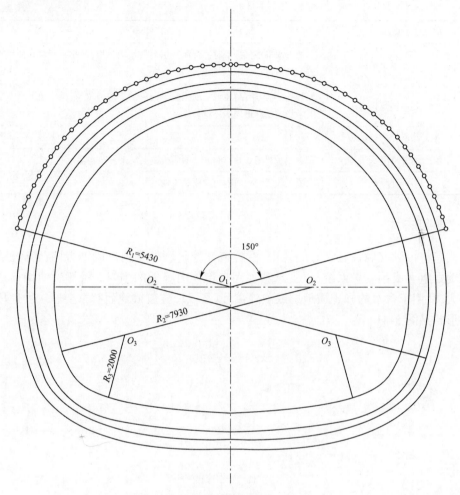

图 5-42 隧道管棚布置示意图(尺寸单位:mm)

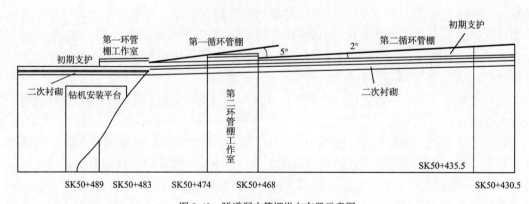

图 5-43 隧道洞内管棚纵向布置示意图

二、超前小导管

超前小导管是沿隧道拱部开挖轮廓线布置,向纵向前方外倾 5°～12°角度打设密排注浆小导管。小导管的外露端需支承在紧邻开挖面的钢架上,与钢架组成纵横向支撑体系,通过小导管向前方围岩注浆,使浆液渗透到围岩,能加固一定范围内的围岩,又能支托围岩。超前小导管具有管棚的作用,比超前锚杆的支护能力强;比管棚简单易行,灵活经济,但支护能力较管棚弱;通过减小小导管纵向循环间距来增加小导管每循环间搭接长度,可起到双层小导管作用。超前小导管设置图见图5-44。小导管宜采用直径42～50mm的无缝钢管,长度宜为3～5m。小导管前部钻有注浆孔,孔径宜为6～8mm,间距10～20cm,呈梅花形布置,前端呈锥形,尾端长度不小于30cm,作为不钻注浆孔的预留止浆段。小导管环向设置间距可为20～50cm,两组小导管纵向水平搭接长度不小于100cm。注浆压力宜为0.5～1.0MPa。为了防止孔口跑浆,要求止浆岩墙厚一般为1.5～2m,最后一个渗浆孔至孔端的距离应大于100cm,必要时可以设置止浆塞,以防止浆液外漏。

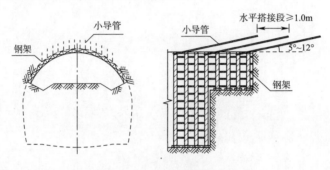

图5-44 隧道超前小导管支护布置图

在岩体破碎时,导管间岩体坍落可能塌落,可考虑设双层小导管,洞内内层小导管外插角5°～12°、外层小导管外插角10°～30°,交错布置。当洞口采用双层小导管时,两层小导管间距不宜大于300mm。

浆液扩散半径 R 可根据导管排列密度确定,按下式进行计算:

$$R = (0.6 - 0.7)L \tag{5-28}$$

式中:L——导管中心间距(m)。

单根导管注浆量 Q 按下式进行计算:

$$Q = \pi R^2 l n \tag{5-29}$$

式中:R——浆液扩散半径(m);
l——导管长度(m);
n——围岩孔隙率(%)。

三、超前钻孔注浆

超前围岩预注浆又称长孔注浆,适用于软弱围岩及断层破碎带、自稳性差的含水地质地段。注浆孔深一般在15～30m。注浆孔可在地表面或开挖面正面分层布置,在纵向呈伞形辐射状。要求注浆孔底间距按各个注浆孔的扩散半径相互重叠的原则确定。8～16m的浅孔可采用钻孔台车钻注浆孔;当孔深超过16m时,则应采用重型风钻或钻机钻孔。注浆孔径75～110mm,注浆孔间距按1.5～1.6倍浆液扩散半径确定,一般为2～3m,浆液扩散半径为1～2m,注浆范围为开挖轮廓线以外1～3m。不同情况下,注浆范围可按下列说明取值。

(1)注浆区围岩可视为弹性体时,注浆范围半径取 2~3 倍的隧道开挖平均半径较为合理。

(2)在断层破碎带时,注浆范围半径取 3~4 倍的隧道开挖平均半径较为恰当。

注浆段长应根据工程地质、水文地质和钻孔机械及注浆设备等条件确定。一般情况下设计段长可取 30~50m,对于破裂岩层或用水量大的地段,可适当取短一点儿。

第六章　山岭隧道防排水设计

隧道内是否处于一个干燥状态对隧道能否正常运营有重要的影响。隧道内含有大量水时,将造成洞内支护结构、通信、供电、照明等设备处于潮湿环境中而发生锈蚀,降低其使用年限;由于结冰膨胀和侵蚀性地下水的作用,会使隧道衬砌结构受到破坏;在严寒地区,冬季如有渗水,则会在隧道拱部形成冰柱,对行车安全造成严重危害,且结冰膨胀会使衬砌受到破坏。对于公路隧道,漏水会使路面积水或结冰,造成车辆打滑,危及行车安全;对于铁路隧道,漏水会造成洞内钢轨扣件腐蚀损坏,在电力机车牵引地段漏水容易引起漏电事故和造成金属电蚀现象,从而危及有关人员的安全。

施工时,在隧道中含有水的情况下,由于水的渗入,围岩稳定性会有所降低,特别是对一些软弱破碎围岩的危害更大,这不仅增加了开挖的难度,还会加大支护的难度,对某些水量较大的隧道还需要采取超前支护措施。此外,若对地下水处理不当,则可能会造成更大的伤害。

在运营期间,地下水常从混凝土衬砌的施工缝、变形缝(伸缩缝和沉降缝)、裂缝甚至混凝土孔隙等通道,渗漏进隧道中,造成结构的侵蚀破坏,产生较大的危害。

第一节　隧道防排水要求与依据

一、隧道防排水的基本要求

(1)隧道工程施工防水应以混凝土自防水为主体,以施工缝、变形缝防水为重点,并应重视初期支护的防水,并辅以注浆防水和防水层加强防水,满足结构使用要求。

(2)隧道工程施工防水应积极采用经过试验和鉴定并经实践检验行之有效的新材料、新工艺、新技术,根据工程的水文地质条件、施工技术水平、防水等级,选用适宜的材料。

(3)采用复合式衬砌隧道,初期支护与二次衬砌之间应铺设防水板。防水板厚度不得小于1.2mm。后期施作的隧道洞内埋设件,埋设深度应以不穿透二次衬砌为原则,以保护防水板。

二、隧道防排水设计依据

《公路隧道设计规范》(JTG 3370.1—2018)、《公路隧道设计细则》(JTG/T D70—2010)、《地下工程防水技术规范》(GB 50108)。

根据《公路隧道设计规范》(JTG 3370.1—2018)、《公路隧道设计细则》(JTG/T D70—2010)中有关规定:

隧道防排水设计遵循"截、堵、排结合,因地制宜,综合治理"的原则,保证隧道结构物和营运设备的正常使用以及行车安全。隧道防排水设计应对地表水、地下水妥善处理,洞内外应形成一个完整通畅的防排水系统。

(1)截,就是在隧道之外将外部的地表水和地下水进行疏导截流,使之不流进隧道范围内,减少外部水对隧道的影响。

(2)堵,以衬砌混凝土为基本防水层,以其他的防水材料为辅助防水层,从而把隧道与周围地下水阻隔开,使其不得进入隧道范围内,必要时还可以采用注浆堵水措施,堵水措施不会对地下水环境产生较大的损害,有利于隧道的稳定。

(3)排,通过设置一些排水系统,从而将隧道中的用水排出隧道。

(4)结合,这就是要求在选择隧道的防排水措施时,因地制宜,对当地的实际情况进行综合考虑,从而选择出最合理的防排水方案。设计、施工、维修相结合,以施工为主,充分结合地质条件,实行点面结合,进行组织排水,减少对水环境的破坏并尽量恢复其自然环境。

当采取防排水工程措施时,应注意保护自然环境。当隧道内渗漏水引起地表水减少,影响居民生产、生活用水时,应对围岩采取堵水措施,减少地下水的渗漏。

第二节　隧道工程排水构造设计

隧道防排水设计必须充分考虑到当地实际的工程地质情况、渗流水量,选择合理的隧道工程防排水措施。隧道排水措施应该结合混凝土衬砌进行施作,常用的结构排水设施有盲沟、排水管、排水沟。它各自的作用为:盲沟,在隧道衬砌和围岩中提供一个水流可以通过的通道,被用于引导局部较为集中的渗漏水;横向排水管,位于衬砌基础和路面的下方,与隧道轴线方向垂直布设,是用来连接盲沟和中央排水管的通道;排水管,它的作用就是要将隧道中的水排出。排水的流程是:水通过围岩裂隙进入衬砌背后的盲沟中,再从盲沟中流入横向排水管,最后进入纵向排水沟,顺着排水沟排出。

按照隧道中的排水流程,隧道工程排水设计可以分为三个部分,分别为:环向排水系统、纵向排水系统、横向排水系统,具体排水构造见图6-1、图6-2、图6-3所示。

一、环向排水(环向盲管)系统

沿衬砌背后环向应设置导水盲管(盲沟),一般可采用φ50HDPE单壁打孔波纹管或片状塑料盲沟;湿润或片状小股滴水地段采用片状塑料盲沟;集中股状出水地段采用打孔波纹管盲沟。一般情况下,环向盲管(盲沟)纵向间距不应大于20m,遇水量较大时,环向盲管(盲沟)应加密。环向盲管应与边墙底部的纵向排水盲管连通;环向盲管应用无纺布包裹。

二、纵向排水系统

(1)在衬砌两侧边墙后底部应设沿隧道的纵向排水盲管(沟),采用φ100HDPE单壁打孔波纹管设置,全隧道贯通;纵向排水盲管(沟)应与横向导水管连通,以形成完整的纵横向排水系统。纵向排水盲管(沟)应用无纺布包裹。

(2) 中央排水沟:根据隧道长度、纵坡、地下水渗流量,通过水力计算确定是否设置隧道底部中央排水沟。每隔50m设沉沙池,每隔200~250m设一处沉沙检查井,并应铺设钢筋混凝土盖板。

(3) 路缘边沟:设置路缘边沟,且全隧道贯通,设置在行车方向两侧。

(4) 地下水涌水量较小时,纵向排水系统以两侧的路缘边沟为主。地下水涌水量较大时,隧道地下水涌水量大于两侧路缘边沟排水能力时,通过中心水沟,排水系统改成以中心排水沟排地下水,路缘边沟排路面水。

(5) 隧道路面清洗及消防水通过路缘边沟排出洞外;路面下地下水,通过隧道底部横向导水管排入路缘边沟或中心水沟。

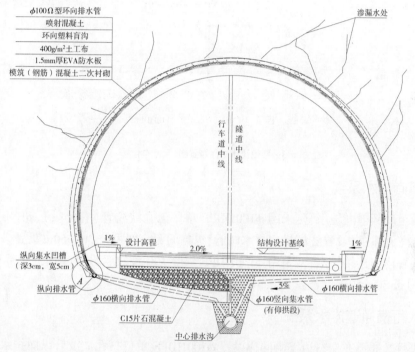

图 6-1 隧道洞身排水设计图

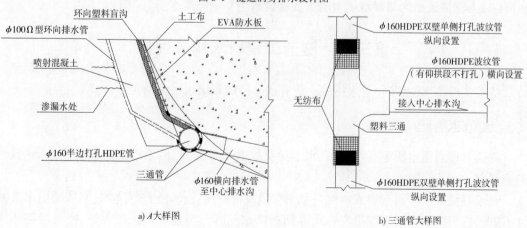

图 6-2 A 细部构造图和三通管大样图

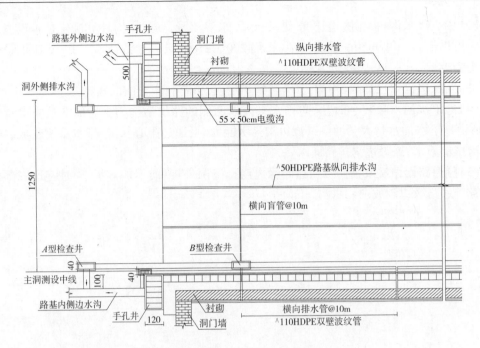

图 6-3 隧道排水平面布置图(尺寸单位:cm)

三、横向排水系统

(1)隧道底部横向导水管:采用 φ100HDPE 单壁无孔波纹管(有仰拱)、φ100HDPE 单壁打孔波纹管(无仰拱)设置隧底横向排水暗管;纵向间距一般可按 30~50m 设置。

(2)墙背横向连接导水管:采用 φ100HDPE 双壁无孔波纹管设置横向连接导水管,纵向间距一般可按 30~50m 设置。

四、人行横通道排水系统

(1)人行横通道在左右边墙脚同样设置 φ100HDPE 单壁打孔波纹管纵向排水暗管。
(2)人行横通道内墙背水通过暗管直接排入主洞纵向排水盲管(沟)。

第三节 隧道工程防水构造设计

隧道工程防水设计时,防水措施一般有截水措施和堵水措施两种。

一、截水措施

隧道常用的截水措施有:在地表水上游设置截水导流沟;地下水上游设置泄水洞;洞外井点降水。

截水导流沟和泄水洞完成后便可以永久地发挥作用,而洞外井点降水,则需要用水泵抽水,因此,它只能解决浅埋隧道在施工期间的降水问题。当隧道埋深较大时,便可以在洞内设置井点降水,以解决洞内局部区段的降水问题。

二、堵水措施

隧道防排水设计中常用的堵水措施有:喷射混凝土堵水、塑料防水板堵水、模筑混凝土衬砌堵水、防水涂料堵水等,当水量大、压力大时,则可采取注浆堵水,注浆既可以堵水也可以起到加固围岩的作用,又能提高围岩的稳定性。

1. 喷射混凝土防水

当围岩有大面积裂隙渗水,且水量、压力较小时,这时可以结合初期支护采用喷射混凝土堵水。喷射混凝土时,要对混凝土中加入大量的速凝剂,加快混凝土凝固速度,并且要进行连续喷射,在主裂隙处不喷射混凝土,这样可以让水顺着主裂隙流入盲沟,并从盲沟中流出。

2. 塑料防水板堵水

当围岩有大面积裂隙滴水、流水,且水量、压力不太大时,可于喷射混凝土等初期支护施作完毕后,二次衬砌施作前,在岩壁全断面塑料防水板堵水。

塑料防水板密度小,防水性能好,施作简单并且不宜腐蚀,耐久性好,故现在广泛运用于隧道防水工作中,并取得了较好的效果。

塑料混凝土板的施作要点:塑料防水板铺设前应认真检查喷射混凝土表面是否平整圆顺,若局部凹凸较大,应修凿填平。若锚杆头或钢筋网断头外露,则必须切除并用砂浆抹平,以防扎破塑料防水板。塑料防水板铺设固定时不能系得太紧,要预留一定的松弛度,以使得在灌注二次衬砌混凝土时塑料板能向凹处变形、密贴,不产生过度张拉和破坏。

3. 模注混凝土衬砌防水

模注混凝土本身就具有一定的抗渗阻水性能,但普通混凝土的抗渗性较差,尤其是在施工质量不高的情况下,则更易形成水的渗漏、漫流。当地下水有侵蚀性时,对混凝土的腐蚀就更为严重。在设计中,改善和利用混凝土衬砌的防水性能,可以从两个方面来考虑:第一是防水混凝土的抗渗强度等级及抗压强度应满足设计要求。

(1)水灰比不得大于0.6。

(2)水泥用量不得少于 $280 kg/m^3$。

(3)砂率应适当提高,并不得低于35%。

第二是防水混凝土衬砌施工必须采用机械振捣,对于施工缝、沉降缝以及伸缩缝,则可以采用中埋式塑料或橡胶止水带,或采用背贴塑料止水带止水。

4. 防水砂浆抹面

防水砂浆是在普通水泥砂浆中掺加各种防水剂后得到的,可提高抹面的防水性能。防水砂浆的种类较多,一般常用的氯化铁防水砂浆和氯化钙防水砂浆。氯化铁防水砂浆的配合比可采用 1:(2~2.5):0.3:(0.5~0.55)(水泥:砂:防水剂:水),氯化钙防水砂浆中的防水剂掺量一般采用水泥的12%~16%。两种砂浆在硬化过程中的收缩量都比较大,所以在施工时要注意保持潮湿养护。

5. 注浆堵水

注浆堵水又可以分为化学注浆堵水和压注水泥浆堵水两种方式,注浆堵水既可以堵水,又可以加固围岩。对于一些围岩强度较差的隧道,使用这种方法进行堵水,可以取得较好的效果。

三、隧道防水板构造设计

隧道防水板性能较好,并且施工简便,故在隧道防水设计中得到广泛的采用,隧道工程中衬砌防水板布置见图6-4。为了保证防水板的质量,一般要采用高分子材料,幅宽一般为2~4m,它的厚度应在1.2mm以上,对于客运专线,对防水板厚度要求更高,一般不得小于1.5mm,且防水板的耐久性等性能符合设计的要求,防水板的各项性能指标应满足表6-1的规定。

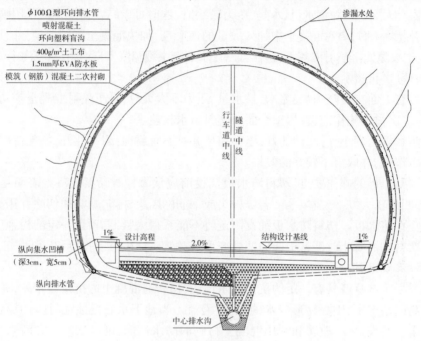

图6-4 防水板布置图

防水板物理性能表　　　　　　　　　　　　　　　　　　　　表6-1

项目	抗拉强度(MPa)	断裂延伸率(%)	热处理时变化率(%)	低温弯折率	抗渗性
指标	≥12	≥200	≤2.5	-20℃无裂纹	0.2MPa,24h不透水

如果防水层是要设置为分离式,则要先进行铺设缓冲层,缓冲层一般采用射钉固定,见图6-5,缓冲层的铺设要求为:

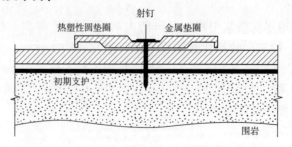

图6-5 防水缓冲层铺设

(1)缓冲层垫衬大体上要与洞室轴线直交。
(2)缓冲层要留好基面凹凸位置的富余量,保证能完全覆盖基层。

(3)缓冲层一般由两边墙向拱部进行铺设,并且用射钉平整的固定在基层上。

(4)固定点间距为:拱部为0.5~0.8m,边墙上间距为0.8~1.0m,底部为1.0~1.5m,固定点采用梅花形排列。

(5)缓冲层接缝搭接宽度不宜小于0.05m,一般只采用环向接缝。

隧道防水板的铺设技术要求:防水板的铺设应超前二次衬砌1~2个衬砌施工段长度,为了避免衬砌施工时对防水板的损伤应设置挡板,并要求防水板距离掌子面施工处有足够的安全距离;为了防止初期支护对防水板的损伤,可以先喷射一层水泥砂浆,对防水板进行保护。防水板一般应采取环向铺设,从拱部到两侧边墙展铺,下部防水板应压住上部防水板,一般实铺长度与隧道弧长的比值为10:8,从而使防水板有一定的余量。对于分段铺设的防水板的边缘处应该预留至少0.6m的搭接余量,对于3层以上的塑料防水板的搭接形式必须采用T型接头。

防水板的固定,如果为分离式防水板,则可采用热风焊枪使防水板受热融化后与塑料垫圈黏结牢固。如果是复合式防水板,则应该按照设计要求在铺设基面上打设膨胀锚栓,采用悬吊法牢固固定,螺栓间距一般为,拱部为0.5~0.8m、边墙上间距为0.8~1.0m,底部为1.0~1.5m。膨胀锚栓帽一般应选择为圆弧形,锚栓顶面与喷射混凝土面的间距一般应小于3mm,在基面变形较大的地方,可以增加锚栓点,从而保证防水板与基面表面紧密结合。

防水板的焊接,在进行焊接防水板前,接缝处必须清理干净、平整,提高焊接质量。防水板在焊接时,为了提高焊缝处强度保证焊接质量,应该使焊缝位置错开,不允许有三层以上的接缝重叠。焊缝搭接处应该先用刀刮成缓角再拼接,防止出现错台降低接缝处强度。防水板纵向搭接和环向搭接处,应该再额外覆盖一层同类别的防水材料,用热焊焊接,两幅防水板的搭接宽度不应小于150mm,单条焊缝的有效焊接宽度不应小于15mm,如图6-6所示。

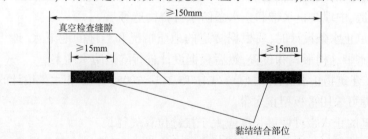

图6-6 焊缝及搭接宽度要求

在二次衬砌施工前再次检查防水板有没有破坏情况,确认防水板质量问题,防水板的检验及标准见表6-2。

防水板质量标准 表6-2

检查项目		规定值或允许偏差	检查方法或频率	权值
搭接长度(mm)		≥100	尺量,全部搭接都要检查,每个搭接检查3处	2
缝宽	焊接	两侧焊接缝宽≥25	尺量,每个搭接检查5处	2
	黏结	黏结缝宽≥50		
固定点间距(m)		符合设计要求	尺量,检查总数的10%	1
接缝与施工缝错开距离(mm)		≥50	尺量,每个接缝检查5处	

四、接缝处防水设计

隧道二次衬砌的施工缝、沉降缝、伸缩缝,应采取可靠的防水措施。对于接缝处的防水设计,一般可以采用止水带进行防水,止水带防水设计图见图6-7、图6-8。

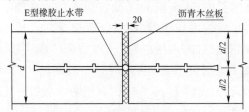

图6-7 沉降缝防水设计图

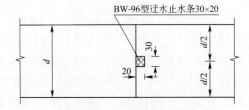

图6-8 施工缝防水设计图

施工缝止水带的结构形式,根据结构防水的要求不同,对施工缝上的止水带结构形式主要为:中埋式止水带、外贴式止水带、外贴式与中埋式止水带防水复合构造、外贴式止水带和止水条防水符合构造等。

变形缝止水带的结构形式主要有:中埋式止水带、外贴式止水带、外贴式与中埋式止水带防水复合构造、中埋式止水带和止水条防水符合构造等。

在进行隧道止水条设计时,要根据隧道的地质情况和当地的地下水、地表水情况,合理选择恰当的止水带结构形式和位置,然后根据设计进行隧道防水施工。

根据《水工建筑物止水带技术规范》(DL/T5 215—2005)可知,止水带设计的一般规定为:

(1)施工缝可采用平板型止水带。

(2)变形缝的止水带可伸展长度应大于接缝位移矢径长。

(3)止水带的翼板长度和是否采用复合型止水带,应根据抗渗要求确定。

(4)当运行期环境温度较低时,不宜选用PVC止水带。当止水带在运行期暴露于大气、阳光下时,应选用抗老化性能强的合成橡胶止水带、铜或不锈钢止水带。采用多道止水带止水并有抗震要求时,宜选用不同材质的止水带。

(5)开敞型止水带的开口朝向宜考虑结构受力和施工的影响。

(6)止水带接头的位置应避开接缝剪切位移大的部位。

(7)止水带离混凝土表面的距离宜为200~500mm,特殊情况下可适当减少。止水带埋入基岩内的深度可为300~500mm,必要时可插锚筋,止水带距基岩槽壁不得小于100mm。

对于塑料和橡胶止水带,设计标准为:

(1)橡胶和PVC止水带的厚度宜为6~12mm。当水压力和接缝位移较大时,应在止水带下设置支撑体。

(2)橡胶止水带的物理力学性能应满足表6-3的要求,PVC止水带的物理力学性能应满足表6-4的要求。

橡胶止水带物理性能　　　　　　　　　　　　　　　表6-3

序号	项目			单位	指标		
					B	S	J
1	硬度(邵尔A)			度	60±5	60±5	60±5
2	拉伸强度			MPa	≥15	≥12	≥10
3	扯断伸长率			%	≥380	≥380	≥300
4	压缩永久变形	70℃×24h		%	≤35	≤35	≤35
		23℃×168h		%	≤20	≤20	≤20
5	撕裂强度			kN/m	≥30	≥25	≥25
6	脆性温度			℃	≥-45	≤-40	≤-40
7	热空气老化	0℃×168h	硬度(邵尔A)	度	≤8	≤8	—
			拉伸强度	MPa	≥12	≥10	—
			扯断伸长率	%	≥300	≥300	—
		100℃×168h	硬度(邵尔A)	度	—	—	≤8
			拉伸强度	MPa	—	—	≥9
			扯断伸长率	%	—	—	≥250
8	臭氧老化 50pphm;20% 48h			—	2级	2级	0级
9	橡胶与金属黏合			—	断面在弹性体内		

注:1. B为适用于变形缝的止水带、S为适用于施工缝的止水带、J为适用于有特殊耐老化要求接缝的止水带。
2. 橡胶与金属黏合项仅适用于具有钢边的止水带。
3. 若对止水带防霉性能有要求时,应考核霉菌试验,且其防毒性能应等于或高于2级。
4. 试验方法按照《高分子防水材料 第2部分:止水带》(GB 18173.2)的要求执行。

PVC止水带物理力学性能　　　　　　　　　　　　　　表6-4

序号	项目		单位	指标B
1	硬度(邵尔A)		度	≥65
2	拉伸强度		MPa	≥14
3	扯断伸长率		%	≥300
4	低温弯折		kN/m	≤-20
5	热空气老化70℃×168h	拉伸强度	MPa	≥12
		扯断伸长率	%	≥280
6	耐碱性10%Ca(OH)$_2$常温(23±2)℃×168h	拉伸强度保持率	%	≥80
		扯断伸长率保持率	%	≥80

(3)橡胶或PVC止水带嵌入混凝土中的宽度一般为120~260mm。中心变形型止水带一侧应有不少于2个止水带肋,肋高、肋宽不宜小于止水带的厚度。

(4)作用水头高于100m时宜采用复合型止水带,复合用密封材料及复合性能应满足表6-5的要求。

复合型止水带的物理性能指标　　　　表6-5

序号	项 目			单 位	指 标
1	浸泡质量损失率常温×3600h	水		%	≤2
		饱和 $Ca(OH)_2$ 溶液		%	≤2
		10% NaCl 溶液		%	≤2
2	拉伸黏结性能	常温、干燥	断裂伸长率	%	≥300
			黏结性能	—	不破坏
		常温、浸泡	断裂伸长率	%	≥300
			黏结性能	—	不破坏
		低温、干燥	断裂伸长率	%	≥300
			黏结性能	—	不破坏
		300次冻融循环	断裂伸长率	%	≥300
			黏结性能	—	不破坏
3	流淌值(下垂值)			mm	≤2
4	施工度(针入度)			1/10mm	≥70
5	密度			g/cm³	≥1.15
6	复合剥离强度(常温)			N/cm	>10

注:1.常温是指(23±2)℃。
　　2.低温是指(-20±2)℃。
　　3.气候温和的地区可不做低温试验、冻融循环实验。

铜止水带和不锈钢止水带设计标准为:

(1)铜止水带的厚度宜为0.8~1.2mm。

(2)作用水头高于140m时宜采用复合型铜止水带,其复合用材料以及复合性能应满足表6-5的要求。

(3)使用铜带材加工止水带时,抗拉强度应不小于205MPa,伸长率应不小于20%,铜止水带的化学成分和物理力学性能应满足《铜及铜合金带材》(GB/T 2059—2008)的规定。

(4)不锈钢止水带的拉伸强度应不小于205MPa,伸长率应不小于35%,其化学成分和物理力学性能须满足《不锈钢冷轧钢板和铜带》(GB 3280—2015)的要求。不锈钢止水带的厚度、断面尺寸、复合形式可参照铜止水带的规定。

五、混凝土自防水设计

由《地下工程防水设计规范》(GB 50108—2008)可知,隧道混凝土自防水设计的一般规定为:

(1)防水混凝土应通过调整配合比或掺加外加剂、掺合料等措施配制而成,强度不得低于C30,抗渗等级不得小于P6。

(2)防水混凝土的施工配合比应通过试验确定,抗渗等级应比设计要求提高一级(0.2MPa)。

(3)防水混凝土应根据需要设定混凝土的强度、抗渗、抗冻、耐磨和抗侵蚀等要求。

(4)在寒冷、侵蚀环境中的隧道工程,防水混凝土的抗渗等级不得低于P8,抗冻等级不得低于F300。

(5)防水混凝土的设计抗渗等级,应符合表6-6的规定。

防水混凝土设计抗渗等级 表6-6

工程埋置深度	设计抗渗等级
$H<10$	P6
$10 \leqslant H<20$	P8
$20 \leqslant H<30$	P10
$H \geqslant 30$	P12

注:1. 本表适用于Ⅰ、Ⅱ、Ⅲ级围岩及软弱围岩。
  2. 山岭隧道防水混凝土抗渗等级可按国家现行有关标准执行。

(6)防水混凝土结构,应符合下列规定:结构厚度不应小于250mm;裂缝宽度不得大于0.2mm,并不得贯通;钢筋保护层厚度应根据结构的耐久性和工程环境选用,迎水面钢筋保护层厚度不应小于50mm。

第七章 山岭隧道通风与照明设计

隧道通风设计对一个隧道来说是必需的,尤其是对一些公路隧道,因为车辆在行驶中会产生汽车废气,这其中含有大量的有害气体,比如 CO、CO_2、NO_2、SO_2 及烟雾等。这些有害气体不仅会污染洞内气体,对隧道内的驾乘人员的身体产生不良影响;还会使洞内的能见度降低,加大了交通事故发生的可能性。所以,隧道内的通风设计对隧道的正常、安全运营起着重要的作用。隧道通风是隧道总体设计的重要组成部分,与隧道长度、纵坡等密切相关,隧道长度增加、纵坡加大,会导致通风系统规模增大,运营养护费用相应增大。长、特长隧道涉及的风机房、通风井的设置与隧道地形、地质条件相关,选址不当会使建设费用大幅增加。因此,通风设计应纳入总体设计,由路线、结构、地质、通风等多专业工程师共同进行方案比选,使工程总体造价与风险最小化,并降低后期运营费用。

隧道通风的目的为:①净化隧道内由汽车产生的有害气体,保证驾乘人员的身体安全;②降低隧道内烟雾的浓度,保证隧道内行车安全;③稀释隧道内的异味,提高隧道行车的舒适性。

第一节 隧道工程运营交通量需求

交通量是隧道通风设计最为重要的基础数据之一。交通量的多少决定了隧道通风设计的形式和规模。

根据《公路隧道通风设计细则》(JTG/T D70/2-02—2014)的规定可得:通风设计中采用的设计小时交通量应根据隧道所在路段项目可行性研究报告提出的设计(预测)年平均日交通量 AADT 进行换算,并宜符合下列要求:

(1)设计小时交通量系数宜采用项目可行性研究报告提供的数据;当项目可行性研究报告没有明确提出该数据时,山岭重丘区隧道可取 12%、平原微丘区隧道可取 10%、城镇附近的隧道可取 9%。

(2)单向交通隧道的方向分布系数宜根据项目可行性研究报告取值,当项目可行性研究报告没有明确提出该值时,可取 55%;双向交通隧道行车上坡较长方向的方向分布系数可取 60%。

(3)当设计小时交通量大于隧道所在路段的最大服务交通量时,宜采用最大服务交通量换算的设计小时交通量。

在隧道通风设计时,根据《公路工程技术标准》(JTG B01—2014)的"各汽车代表车型与车辆折算系数",结合各工程的具体交通组成,将标准小客车交通量换算成绝对车型设计高峰小时交通量,换算的步骤为:

第一步,将项目可行性研究报告提出的各设计(预测)年平均日交通量 AADT(pcu/d)换算成标准小客车设计高峰小时交通量(pcu/h)。

第二步,根据项目可行性研究报告提出的交通组成百分比,分别计算出各车型对应的标准小客车设计高峰小时交通量。

第三步,按《公路工程技术标准》(JTG B01—2014)"各汽车代表车型与车辆折算系数",将各车型的标准小客车高峰交通量换算成绝对车型设计高峰小时交通量(辆/h)。

对于长度 $L \leq 1000m$ 的隧道可不考虑交通阻滞;对于长度 $L > 1000m$ 的隧道,阻滞段宜按每车道长度为 1000m 计算。以下行驶情况可视为交通阻滞:

(1)高速公路隧道内各车道平均行车速度不大于 30km/h。
(2)一级公路隧道内各车道平均行车速度不大于 20km/h。
(3)二级、三级、四级公路隧道内各车道平均行车速度不大于 10km/h。

火灾工况下交通量计算应遵循下列原则:
(1)工况车速宜按 0km/h 考虑。
(2)单向通行隧道宜按独立排烟区末端位置发生火灾考虑;双向通行隧道宜按洞内中点处发生火灾考虑。
(3)隧道交通量由洞内滞留的车辆数与后续进入洞内的车辆数之和确定,后续进入洞内的车辆数单向通行隧道宜按 5min 计算,双向通行隧道宜按 10min 计算。

第二节　隧道工程运营通风设计

路线纵断面设置会影响隧道需风量的大小、通风系统设置规模,尤其对于需要设置通风井的特长隧道,路线平面位置所在的地形、地貌、地质情况影响通风系统设置的合理性。

公路隧道通风设计应按下列步骤实施:
(1)应收集隧道所在路段平面、纵断面、隧道地形、地物、地质等路线资料。
(2)应收集隧道所在路段的公路等级、隧道断面、交通量、所在区域的气象和环境条件,以及隧址区域的环保要求等技术资料。
(3)应根据收集的资料进行隧道需风量的初步计算及通风方案比选:当因路线方案使各通风方案均不满足运营安全、经济、环保要求时,则应重新论证路线方案、隧道长度、纵坡等。
(4)应根据比选确定的通风方案详细计算需风量,确定设计风量;并详细计算通风系统阻力。
(5)应根据通风系统阻力详细计算风机风压、风量、功率等进行风机选型及配置。
(6)通风设备安装前,应针对隧道土建施工、通风设备参数变更情况复核通风系统是否满足隧道运营需求。

一、隧道通风方式设计

隧道通风方式是指隧道内风流在行车空间的流动方式。隧道内的通风方式一般可以分为自然通风和机械通风两种形式;按风流的流动方向划分,通风方式有纵向式、横向式、半横向式三种。

1. 自然通风

自然通风是隧道中最简单、最便利的一种通风方式,它不需要借助任何额外的机械设施,仅通过自然界产生的通风压力就可以完成隧道通风,可以减少投资、节约成本。所以对于隧道,首先考虑的就是自然通风。但是自然界的风是不稳定的,在不同地区、不同季节甚至在不同时间内都会发生很大的变化,所以自然通风很难作为一种稳定可靠的通风方式,自然通风仅用于长度较短且交通量不大的隧道中。隧道是采用自然通风还是机械通风,可根据隧道的设计交通量和隧道长度的乘积进行判断,见式(7-1)、式(7-2)。

$$LN < 6 \times 10^5 (双向交通) \tag{7-1}$$

$$LN < 20 \times 10^5 (单向交通) \tag{7-2}$$

式中:L——隧道长度(m);

N——隧道设计交通量(辆/h)。

由上式可得,当隧道的长度与隧道设计交通量的乘积小于上述不等式右边数值时,可以考虑采用自然通风,反之则应该选择机械通风方式。

2. 全射流纵向通风

全射流纵向通风就是指利用射流风机所产生的高速气流带动隧道内空气的定向流动,从而达到通风目的的一种通风方式,一般来说,风速越大,射流越长。全射流纵向通风选择的优点是它的设备最简单,花费较少,所以射流风机通风在隧道工程通风中所占比例非常大;但是它的通风效率低、噪声大,射流机射出的高速风流可能会影响正常行车。

由实际经验可知,当风速在 30~40m/s 时,射流机的效率最高,并且这时的风机噪声符合环境要求,故隧道中风机的风速以 30m/s 为宜。射流风机所产生的高速风流对行车的影响大小主要取决于风机安装高度(即风机距运行车辆的横距)。研究表明:当风机吹出的风速为 30m/s 时,在风机风口前方假想圆筒以外横距 0.5m 处,行车几乎不受影响,因此,射流风机应安装在隧道建筑界限以外的顶部。

3. 横向式通风

横向通风是指新鲜空气由风机送入送风道,经送风孔进入行车道,然后与污染空气混合后,横穿隧道,经过排风口进入排风道,由风机排出的通风方式。

横向通风的优点是供风均匀,污染空气排出快,隧道内污染气体浓度小,可见度高,通风效果比较好;但是横向式通风建筑工程量大,费用较高,隧道通风阻力较大,通风能耗大,运营管理费用高。

4. 隧道通风方式的选择

影响隧道通风方式的因素:

隧道长度。隧道长度是影响隧道通风方式的主要因素,隧道越长,对隧道通风的安全性和可靠性要求越高。

隧道交通条件。隧道的交通条件是指隧道的交通量以及隧道内是单向行驶或双向行驶,对于交通量大的隧道,一般采用横向或者半横向通风,提高隧道内空气质量。

隧道所处地层的地质条件。对于地质条件好的隧道,施工比较容易,可以选用横向式通风;如果地质条件较差的隧道,应选择纵向式通风,以减少施工难度。

隧道所处地区的地形和气象条件。隧道地形和气象条件会直接影响隧道自然风流的流向和流量,对于自然流量较大的小隧道可以考虑使用自然通风,对于自然风流变化较大、不稳定的隧道,可以考虑使用纵向式通风。

综上可知,应该结合隧道所处地区的实际情况对隧道进行充分合理的设计,一个合理的通风方式应当安全可靠性高、建设安装方便、投资小、对灾害的适应能力强、运营方便。

二、需风量计算

隧道通风需风量设计是隧道通风设计中特别重要的一项工作,是隧道通风设计的前提,只有正确计算出隧道的需风量,才能确定隧道的最佳通风方式、风机的规格和配置。

隧道需风量计算就是计算在隧道中降低 CO、异味和烟雾的浓度所需的风量,从而达到在隧道内健康、舒适、安全行驶的目的,所以在进行隧道需风量计算时应根据隧道通风的目的分三步进行计算,分别为按稀释隧道内 CO 浓度进行需风量计算、按稀释隧道中异味浓度进行需风量计算、按稀释隧道内烟雾浓度进行需风量计算,最后取需风量最大值进行计算。隧道需风量计算应该遵循以下原则:

(1)在隧道通风设计中,车辆排放的有害气体量和对应的交通量,都应有明确的远景设计年限,两者互相对应。计算近期的需风量和所需的交通风力时应采用相应年份的交通量。

(2)确定需风量时,应对计算行车速度以下各工况车速按每 20km/h 为一档分别进行计算,并考虑交通阻滞状态,取其较大者作为设计需风量。

(3)在双向交通隧道中,上坡较长方向的交通量按设计交通量的 60% 进行计算。

(4)应根据隧道建设标准、通风方式等计算隧道在各种工况下的需风量,并取其最大者作为该隧道的设计风量。

1. 按稀释 CO 浓度进行计算

CO 是隧道中对人体危害最大的一种气体,严重影响着驾乘人员的身体健康,所以在进行通风设计时首先要满足稀释 CO 的浓度的要求。根据《公路隧道通风与照明设计规范》(JTJ 026.1—1999)规定可知,隧道采用全横向式通风方式或者半横向式通风方式时,CO 设计浓度可按表 7-1 进行取值,当采用纵向式通风时,CO 设计浓度可按表 7-1 所列的各值提高 50ppm 进行取值。

CO 设 计 浓 度　　　　　　　表 7-1

隧道长度(m)	≤1000	≥3000
δ(ppm)	250	200

注:隧道长度在 1000~3000m 时,可按插入法进行取值。

交通阻滞(隧道内各车道均以急速行驶,平均车速在 10km/h)时,阻滞段的平均 CO 设计浓度可取为 300ppm。阻滞段的计算长度不宜长于 1km,经历时间不得超过 20min。

人车混行的隧道长度不宜超过 2000m,其 CO 设计浓度应按照表 7-2 进行取值。

CO 设 计 浓 度　　　　　　　表 7-2

隧道长度(m)	≤1000	≥2000
δ(ppm)	150	100

注:隧道长度在 1000~2000m 内时,可按插入法进行取值。

计算隧道稀释CO到设计浓度的需风量,应该先计算出隧道内汽车CO排放量。汽车CO排放量按下式进行计算:

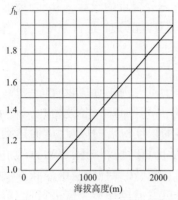

图7-1 考虑CO的海拔高度系数
注:当取值超出图示范围后,取值可做直线延伸。

$$Q_{CO} = \frac{1}{3.6 \times 10^6} q_{CO} f_a f_d f_h f_{iv} L \sum_{m=1}^{n} (N_m f_m) \quad (7-3)$$

式中:Q_{CO}——隧道全长CO的排放量(m^3/s);

q_{CO}——CO基准排放量(m^3/辆·km),可取0.01;

f_a——考虑CO的车况系数,对高速公路、一级公路取1.0,对二级、三级、四级公路取1.1~1.2;

f_d——车密度系数,按表7-3取值;

f_h——考虑CO的海拔高度系数按图7-1取值;

f_{iv}——考虑CO的纵坡—车速系数,按表7-4取值;

N_m——相应车型的设计小时交通量(辆/h);

f_m——考虑CO的车型系数,按表7-5取值;

n——车型类别数;

L——隧道长度(m)。

车 密 度 系 数 表7-3

车速(km/h)	100	80	70	60	50	40	30	20	10
f_d	0.6	0.75	0.85	1	1.2	1.5	2	3	6

考虑CO的纵坡—车速系数 表7-4

v(km/h)	i(%)								
	0.4	0.3	0.2	0.1	0	1	2	3	4
100	1.2	1.2	1.2	1.2	1.2	1.4	1.4	1.4	1.4
80	1.0	1.0	1.0	1.0	1.0	1.0	1.2	1.2	1.2
70	1.0	1.0	1.0	1.0	1.0	1.0	1.0	1.2	1.2
60	1.0	1.0	1.0	1.0	1.0	1.0	1.0	1.0	1.2
50	1.0	1.0	1.0	1.0	1.0	1.0	1.0	1.0	1.0
40	1.0	1.0	1.0	1.0	1.0	1.0	1.0	1.0	1.0
30	0.8	0.8	0.8	0.8	1.0	1.0	1.0	1.0	1.0
20	0.8	0.8	0.8	0.8	0.8	1.0	1.0	1.0	1.0
10	0.8	0.8	0.8	0.8	0.8	0.8	0.8	0.8	0.8

考虑CO的车型系数 表7-5

车型	各种柴油车	汽 油 车			
		小客车	旅行车、轻型客车	中型客车	大型客车、拖挂车
f_m	1.0	1.0	2.5	5.0	7.0

根据式(7-1)计算的 CO 排放量,稀释 CO 到设计浓度的需风量应按式(7-4)进行计算:

$$Q_{\text{req(CO)}} = \frac{Q_{\text{CO}}}{\delta} \times \frac{p_0}{p} \times \frac{T}{T_0} \times 10^6 \tag{7-4}$$

式中:$Q_{\text{req(CO)}}$——隧道全长稀释 CO 的需风量(m^3/s);

P_0——标准大气压(kN/m^2),取 101.325kN/m^2;

p——隧址设计气压(kN/m^2);

T_0——标准气温(K),取 273;

T——隧道夏季的设计气温(K);

δ——CO 设计浓度。

2. 按稀释烟雾浓度计算需风量

隧道中烟雾主要以柴油车排放为主,故烟雾排放量是以柴油车作为计算依据,当隧道中柴油车比例增多时,烟雾浓度会随之大大增多,严重危害隧道内安全驾驶。由《公路隧道通风设计细则》(JTG/T D70/2-02—2014)可知:烟雾设计浓度 K 取值应符合以下规定:

当隧道采用显色指数 33≤R_a≤60、相关色温为 2000~3000K 的钠光源时,烟雾设计浓度应按表7-6取值。

烟雾设计浓度 表7-6

设计速度 v(km/h)	≥90	60≤v<90	50≤v<60	30<v<50	v≤30
烟雾设计浓度 $K(m^{-1})$	0.0065	0.0070	0.0075	0.0090	0.0120

当隧道采用显色指数 R_a≥65、相关色温为 3300~6000K 的荧光灯、LED 灯时,烟雾设计浓度应按表7-7取值。

烟雾设计浓度 表7-7

设计速度 v(km/h)	≥90	60≤v<90	50≤v<60	30<v<50	v≤30
烟雾设计浓度 $K(m^{-1})$	0.0050	0.0065	0.0070	0.0075	0.0120

隧道排放量按下式计算:

$$Q_{\text{VI}} = \frac{1}{3.6 \times 10^6} q_{\text{VI}} f_{a(\text{VI})} f_d f_{h(\text{VI})} f_{iv(\text{VI})} \sum_{m=1}^{n_D} [f_{m(\text{VI})} n_D] \tag{7-5}$$

式中:Q_{VI}——隧道全长烟雾排放量(m^3/s);

q_{VI}——烟雾基准排放量[$m^3/$(辆·km)],可取 2.5 $m^3/$(辆·km);

$f_{a(\text{VI})}$——考虑烟雾的车况系数,对高速公路、一级公路取 1.0;对二、三、四级公路取 1.2~1.5;

f_d——车密度系数,按表7-3取值;

$f_{h(\text{VI})}$——考虑烟雾的海拔高度系数,按图7-2取值;

$f_{iv(\text{VI})}$——考虑烟雾的纵坡—车速系数,按表7-8取值;

$f_{m(\text{VI})}$——考虑烟雾的车型系数,按表7-9取值;

n_D——柴油车车型类别系数。

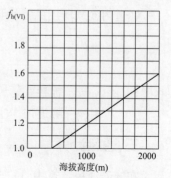

图7-2 考虑烟雾的海拔高度系数

考虑烟雾的纵坡—车速系数   表 7-8

$v(\text{km/h})$	$i(\%)$								
	-0.4	-0.3	-0.2	-0.1	0	1	2	3	4
80	0.3	0.4	0.55	0.8	1.3	2.6	—	—	—
70	0.3	0.4	0.55	0.8	1.1	1.8	3.1	—	—
60	0.3	0.4	0.55	0.75	1.0	1.45	2.2	—	—
50	0.3	0.4	0.55	0.75	1.0	1.45	2.2	—	—
40	0.3	0.4	0.55	0.7	0.85	1.1	1.45	2.2	—
30	0.3	0.4	0.5	0.6	0.72	0.9	1.1	1.45	2.0
10~20	0.3	0.36	0.4	0.5	0.6	0.72	0.85	1.03	1.25

考虑烟雾的车型系数   表 7-9

柴 油 机			
轻型货车	中型货车	重型货车、大型客车、拖挂车	集装车厢
0.4	1.0	1.5	3~4

稀释烟雾到设计浓度的需风量按下式计算：

$$Q_{\text{req}(\text{Ⅵ})} = \frac{Q_{\text{Ⅵ}}}{K} \tag{7-6}$$

式中：$Q_{\text{req}(\text{Ⅵ})}$——隧道全长稀释烟雾的需风量(m^3/s)；

      K——烟雾设计浓度。

3. 稀释隧道中异味的需风量

根据《公路隧道通风与照明设计规范》(JTJ 026.1—1999)的规定可知，由于汽车尾气会产生异味，所以隧道每隔一段时间就要进行换气，以保证隧道内空气的清新。隧道空间不间断换气频率，应不低于每小时 5 次，对于交通量较小或特长隧道，可采用每小时 3~4 次。

对于采取纵向式通风的隧道，隧道内换气风速不得小于 2.5m/s。

隧道内换气所用的需风量为：

$$Q_{\text{req}(\text{异})} = \frac{LA_r}{3600} \times n \tag{7-7}$$

式中：$Q_{\text{req}(\text{异})}$——稀释异味所需的风量(m^3/s)；

      A_r——隧道内净空面积(m^2)。

三、通风计算

在隧道通风计算中，可把空气当作不可压缩流体对待，隧道内的空气流可以当作不随时间变化的恒定流进行计算，且视汽车行驶也为恒定流，在标准大气压情况下的空气物理量按表 7-10 取值。

空 气 物 理 量   表 7-10

重度 γ(kN/m³)	11.77
密度 ρ(kg/m³)	1.2
运动黏滞系数 ν(m²/s)	1.52×10^{-5}

隧道壁面摩阻系数以及出入口局部阻力系数应该根据隧道的断面当量直径和壁面粗糙度进行取值,隧道通风常用的摩擦力系数见表 7-11 取值。

损 失 系 数   表 7-11

隧道壁面摩阻损失系数 λ_r	0.02
主风道壁面摩阻损失系数 λ_b	0.022
连接风道壁面摩阻损失系数 λ_d	0.025
隧道入口损失系数 ξ_e	0.6
隧道出口损失系数 ξ_0	1

目前,射流式纵向通风在隧道通风中占主要地位,并且施工比较简单,应用比较广泛,所以在毕业设计时,应主要设置为射流式纵向通风。隧道内射流式纵向通风系统下的风流方向见图7-3。

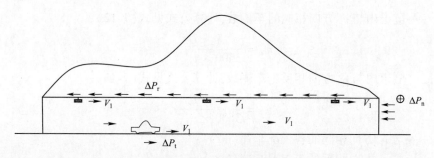

图 7-3　射流式纵向通风模式

对于射流式纵向通风,隧道内的通风压力可由伯努利方程得:

$$\Delta P = \Delta P_r + \Delta P_n - \Delta P_t \tag{7-8}$$

式中:ΔP——射流风机提供的通风压力(pa);

ΔP_r——隧道摩阻力与出入口的局部阻力损失(pa);

ΔP_n——自然风风压(pa);

ΔP_t——交通风产生的风压(pa)。

自然风压 ΔP_n:

$$\Delta P_n = \left(\xi_e + \xi_0 + \lambda_r \frac{L}{D_r}\right) \frac{\rho}{2} v_n^2 \tag{7-9}$$

式中:ξ_e——气流流进隧道的局部阻力系数,按表7-9 取值;

ξ_0——气流流出隧道的局部阻力系数,按表7-9 取值;

v_n——隧道内自然风引起的风速(m/s);

λ_r——隧道壁面摩阻损失系数,按表7-9 取值;

ρ——空气密度,按表7-8取值;
D_r——隧道净空断面当量直径(m)。

隧道当量直径计算为:

$$D_R = \frac{4 \times A_r}{隧道断面周长} \tag{7-10}$$

式中:A_r——隧道净空断面积。

在隧道中自然风向变化不定,从安全考虑,通风计算时一般把隧道中的自然风向与交通风向逆向,即当作阻力进行考虑。

隧道摩阻力与出入口的局部阻力损失ΔP_r:

$$\Delta P_r = \left(\xi_e + \xi_0 + \lambda_r \frac{L}{D_r}\right)\frac{\rho}{2}v_r^2 \tag{7-11}$$

式中:v_r——隧道内设计风速,一般按式(7-10)计算。

$$v_r = \frac{Q_{req}}{A_r}(\mathrm{m/s}) \tag{7-12}$$

交通风产生的风压ΔP_t:

$$\Delta P_t = \frac{A_m}{A_r} \cdot \frac{\rho}{2} \cdot n_+ \cdot [v_{t(+)} - v_r]^2 - \frac{A_m}{A_r} \cdot \frac{\rho}{2} \cdot n_- \cdot [v_{t(-)} - v_r]^2 \tag{7-13}$$

式中:n_+——隧道内与v_r方向相同的车辆数,计算公式见式(7-12);

$$n_+ = \frac{N_+ \cdot L}{3600 \times v_{t(+)}} \tag{7-14}$$

n_-——隧道内与v_r方向相反的车辆数,计算公式见式(7-13);

$$n_- = \frac{N_- \cdot L}{3600 \times v_{t(-)}} \tag{7-15}$$

$v_{t(+)}$——与v_r方向相同的各工况车速(m/s);

$v_{t(-)}$——与v_r方向相反的各工况车速(m/s);

A_m——汽车等效阻抗面积(m^2),按式(7-14)进行计算,为了方便计算,将通过隧道的车辆分为大型车和小型车两类:大型车包括普通货车和大公共汽车,其余的都是小型车,并且假定隧道中每辆车都以同样的速度匀速行驶。

$$A_m = (1 - r)A_P\xi_P + rA_t\xi_t \tag{7-16}$$

式中:A_P、ξ_P——小型车前端投影面积和阻力系数,$A_P = 2.13\mathrm{m}^2$、$\xi_P = 0.5$;

A_t、ξ_t——大型车前端投影面积和阻力系数,$A_t = 5.37\mathrm{m}^2$、$\xi_t = 1.0$;

r——大型车比例。

在隧道设计时,隧道内的交通风,对于单向行驶时看作动力;对于双向行驶时看作阻力。对于单洞双向行驶的隧道,式(7-13)可以简化为:

$$\Delta P_t = -\frac{A_m}{A_r} \cdot \frac{\rho}{2} \cdot 2nv_rv_t \tag{7-17}$$

式中:n——上下行总交通量(辆)。

对于双洞单向行车隧道:

$$\Delta P_t = \frac{A_m}{A_r} \cdot \frac{\rho}{2} \cdot \frac{n}{2} \cdot (v_t - v_r)^2 \tag{7-18}$$

隧道通风所需要的射流风机的台数计算。

隧道内每处风机产生的压力按下式计算：

$$\Delta P_j = \rho v_j^2 \frac{A_j}{A_r}\left(1 - \frac{v_r}{v_j}\right)\eta i \tag{7-19}$$

式中：v_j——射流风机的出口风速(m/s)；

A_j——射流风机的风口面积(m^2)；

i——每处设置的风机台数；

η——射流风机位置摩阻损失折减系数,可按表7-12进行取值。

射流风机射流风机位置摩阻损失折减系数　　　　　　　　　表7-12

Z/D_j	1.5	1.0	0.7
η	0.91	0.87	0.85

则隧道中所需要设计的风机的数目为：

$$Z = \frac{\Delta P_r + \Delta P_j - \Delta P_t}{\Delta P_j}i \tag{7-20}$$

四、隧道通风设计计算实例

1. 计算条件

(1)公路等级：高速公路,单洞双向双车道。

(2)通风方式：隧道拟采用全射流纵向通风。

(3)洞内设计车速：$v_t = 36$km/h $= 10$m/s。

(4)大型车比例 $r_l = 50\%$。

(5)线路里程 $L = 1000$m。

(6)设计高峰小时交通量：$N = 1000$ 辆/h。

(7)隧道内平均气温：$t_m = 20℃$。

(8)隧道断面面积：$A_r = 65.17m^2$。

(9)隧道断面周长：$U = 31.46m^2$。

(10)隧道断面当量直径：$D_r = \frac{4A_r}{U} = \frac{4 \times 65.17}{31.46} = 8.29$m。

(11)隧道内空气密度：$\rho = 1.2$kg/m^3。

(12)隧址处自然风速：$v_n = 2.0$m/s。

(13)隧道沿程摩擦阻力系数：$\lambda_r = 0.022$。

(14)进口局部阻力系数：$\zeta_e = 0.5$。

(15)自然风引起的洞内风速：$v_n = 2.5$m/s。

(16)设计风量 $Q = 80m^3/s$。

(17)1120 型射流风机参数：

叶轮直径:1120mm,风机出口断面面积:$A_j = 0.985 m^2$。
出口风速:$v_j = 30 m/s$,$\eta = 0.87$。

2. 隧道内所需升压力

(1)空气在隧道内流动受到的摩擦阻力及出入口损失见式(7-9):已知:$\lambda_r = 0.022$、$\zeta_e = 0.5$、$D_r = 8.29 m$。

隧道内风速:

$$v_r = \frac{Q}{A_r} = 1.23 m/s$$

则,隧道内通风阻力为:

$$\Delta P_n = \left(\xi_e + \xi_0 + \lambda_r \frac{L}{D_r}\right)\frac{\rho}{2} v_r^2 = 3.77 N/m^2$$

(2)自然风产生的风压力:

$$\Delta P_n = \left(\xi_e + \xi_0 + \lambda_r \frac{L}{D_r}\right)\frac{\rho}{2} v_n^2 = 15.58 N/m^2$$

(3)交通风产生的风压力见式(7-17),即:

$$\Delta P_t = -\frac{A_m}{A_r} \cdot \frac{\rho}{2} \cdot 2n v_r v_t$$

已知:隧道内车辆数 $n_c = \frac{N \cdot L}{3600 \cdot v_t} = \frac{1000 \times 1000}{3600 \times 10} = 28$ 辆。

汽车等效阻抗面积:$A_m = (1 - 0.5) \times 2.13 \times 0.5 + 0.5 \times 5.37 = 3.22 m^2$。

隧道断面面积:$A_r = 65.17 m^2$。

隧道内空气密度:$\rho = 1.2 kg/m^3$。

通风计算风速 $v_r = \frac{Q}{A_r} = 1.23 m/s$。

洞内设计车速:$v_t = 36 km/h = 10 m/s$。

所以:

$$\Delta P_t = -\frac{A_m}{A_r} \cdot \frac{\rho}{2} \cdot 2n v_r v_t = -20.42 Pa$$

3. 1120型射流风机所需台数

(1)计算每台射流风机升压力,已知数据:
$\rho = 1.2 kg/m^3$、$v_j = 30 m/s$、$A_j = 0.985 m^2$、$A_r = 65.17 m^2$、$v_r = 3.0 m/s$、$\eta = 0.87$。
通过以上公式计算可得:

$$\Delta p_j = \rho \cdot v_j^2 \cdot \frac{A_j}{A_r} \cdot \left(1 - \frac{v_r}{v_j}\right) \cdot \eta = 1.2 \times 30^2 \times \frac{0.985}{65.17} \times \left(1 - \frac{3}{30}\right) \times 0.7$$
$$= 10.284 N/m^2$$

(2)射流风机所需台数:

$$N = (3.77 + 15.58 + 20.42)/10.284 = 3.86 \approx 4 \text{ 台}。$$

故需要 4 台 1120 型射流风机,按 2 组布置。

隧道通风机布置可见图 7-4、图 7-5。

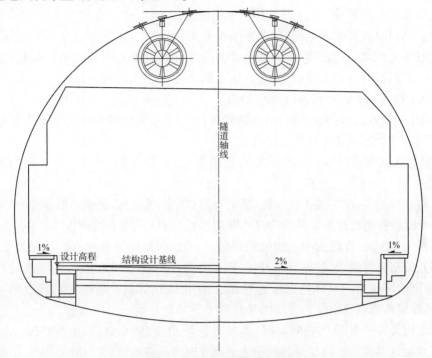

图 7-4　隧道射流风机安装位置图

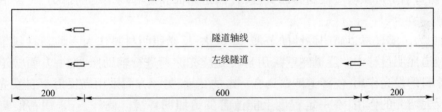

图 7-5　射流风机平面布置图(尺寸单位:m)

第三节　隧道工程运营照明设计

隧道照明设计是隧道设计中一个必要部分,对驾驶员在隧道中安全、舒适地行驶具有重要意义。《公路隧道通风照明设计规范》(JTJ 026.1—1999)规定,300m 以下的、行人较少且交通量不大的隧道可不设照明,但二级以上的公路隧道大于 100m 时,必须设置可靠的照明设施,隧道照明设计所采用的计算行车速度不宜大于 100km/h,如大于 100km/h,应做特殊设计。

一、隧道照明设计的新发展

在隧道照明设计中,首先要了解目前隧道照明设计的发展现状,掌握隧道照明设计的新技术、新方法。"安全、环保、高效、节能"已成为现在隧道工程建设追求的目标,"倡导绿色照明,更安全更节约"也已成为隧道照明的发展趋势。在传统隧道照明设计中,主要以高压钠灯、白炽灯为主要照明灯具,而这些传统照明设施在光效、启动、能耗和节能环保方面具有一定的缺陷,故逐渐被一些新的、更加具有优势的照明设施所取代,其中LED灯的发展较快。LED灯在各个方面明显优于其他传统照明设施,如:

(1)电压:LED使用低压电源,单颗电压在1.9~4V。

(2)效能:光效高,目前实验室最高光效已达到161lm/W,是目前光效最高的照明产品。

(3)抗震性:LED是固态光源,具有其他光源产品不能比拟的抗震性。

(4)稳定性:10万h,光衰为初始的70%。

(5)响应时间:LED灯的响应时间为纳秒级,是目前所有光源中响应时间最快的产品。

(6)环保:无金属汞等对身体有害物质。

(7)颜色:LED的带宽相当窄,所发的光颜色纯,无杂色光,且可组合成任何想要的可见光。

LED灯以使用寿命久、维护成本低、节能、绿色环保、无高压、无频闪等优点,正在被广泛应用于整个隧道照明设计中。并且通过不断的实践,LED照明系统产业本身的技术和创新应用已得到飞速发展,逐渐成为主流照明设施。但LED灯同时也具有存在光效低、散热性差、电源弱、价格高等缺点,这些特点决定了LED灯不可能在所有照明区域来替代高压钠灯,只能根据照明场所的具体情况来选择是否采用LED灯具。高速公路隧道照明主要包括:隧道诱导灯和隧道照明灯。隧道诱导灯的主要功能是通过连续布设的发光指标牌清晰标明道路走向及警示作用。隧道诱导灯要求功率小、亮度高、寿命长、免维护和启动时间短,LED灯可满足这些要求。LED灯具照明也适用于隧道的基本照明,但对于洞外引道灯照明,洞内、洞出口引道灯照明应根据路面宽度,在满足路面亮度和均匀度的前提下,灵活设置照明灯具。

目前,为了实现隧道照明设计的节能、环保化,反光照明材料作为一种新材料也逐渐开始应用隧道照明设计中。隧道侧壁采用自发光反光涂料进行辅助照明,一方面隧道侧壁本身由于涂料的发光作用,使隧道侧壁具有一定的亮度,另一方面采用高反射率自发光涂料还能起到反射增光的作用,在一定程度上能改善隧道照明环境。此外,若采用蓄能自发光材料,在隧道光源的照射之下,该材料能把某些不可见光存储起来,在停止光照射情况下,再缓慢地以荧光的形式释放出来,此时在夜晚或者黑暗处仍能看到光,持续时间长达几小时到十几小时,从而保证在意外情况下的安全逃生。反光材料与光源照明有机结合的节能照明系统的创新成果,既能改善高速公路上驾驶员高速行驶过程中明暗视觉适应现象,在节能的前提下有助于安全行车;同时,材料的储存光能在火灾、断电情况下发挥应急照明及视觉诱导作用,提高了断电、火灾条件下的救援和安全逃生能力,具有明显的社会效益、环保效益和经济优势。

二、隧道照明设计

根据规范规定,在设计隧道照明时首先要对隧道进行以下方面的调查。

(1)环境条件:隧道附近地形、洞口朝向、洞口附近视野情况、植被条件、洞外路段的平纵线形和气象条件。

(2)土建结构物的设计方案:隧道长度、平纵线形、洞门结构形式、横断面布置及建筑限界。

(3)交通状况:设计交通量、计算行车速度、实际平均行车速度、单向或双向交通、汽车专用或混合通行。

(4)隧道通风方式、布置方案及烟雾浓度。

(5)供电条件:配电所位置、容量,电源电压及其变动幅度。

(6)隧道营运管理方式。

隧道照明设计的目的就是通过合理利用驾驶员视觉适应规律,在确保行车安全的条件下,确定隧道内各个段落的照明亮度。长隧道照明基本上可以分为接近段、入口段、过渡段、中间段和出口段五个部分,按照驾驶员的视觉适应规律对隧道各个段落进行照明设计。

1. 接近段

接近段是指在隧道洞门前,从注视点到适应点之间的一段道路,在设计隧道接近段的长度时,可以取洞外一个照明停车视距,照明停车视距按表7-13取值。

照明停车视距表(m) 表7-13

v_t(km/h)	纵坡(%)								
	-4	-3	-2	-1	0	1	2	3	4
100	179	173	168	163	158	154	149	145	142
80	112	110	106	103	100	98	95	93	90
60	62	60	58	57	56	55	54	53	52
40	29	28	27	27	26	26	25	25	25

2. 入口段

根据《公路隧道照明设计细则》(JTG/T D70/2-01—2014)第4.1.1条规定,入口段宜划分为 TH_1、TH_2 两个照明段,与之对应的亮度应分别按式(7-21)、式(77-22)计算:

$$L_{th1} = k \cdot L_{20}(S) \quad (7-21)$$

$$L_{th2} = 0.5 \times k \cdot L_{20}(S) \quad (7-22)$$

式中:L_{th1}——入口段 TH_1 的亮度;

L_{th2}——入口段 TH_2 的亮度;

k——入口段亮度折减系数,可按表7-14取值;

$L_{20}(S)$——洞外亮度(cd/m²),可按表7-15取值。

入口段亮度折减系数 k 表7-14

设计交通量 N(辆/h)		k			
		设计行车速度 v_t(km/h)			
双车道单向交通	双车道双向交通	100	80	60	40
≥2400	≥1300	0.045	0.035	0.022	0.012
700	≤360	0.035	0.025	0.015	0.010

洞外亮度(cd/m²)　　　　表 7-15

天空面积百分比	洞口朝向或洞外环境	$v_t(\text{km/h})=40$	$v_t(\text{km/h})=60$	$v_t(\text{km/h})=80$	$v_t(\text{km/h})=100$
35%~50%	南洞口	—	—	4000	4500
	北洞口	—	—	5500	6000
25%	南洞口	3000	3500	4000	4500
	北洞口	3500	4000	5000	5500
10%	暗环境	2000	2500	3000	3500
	亮环境	3000	3500	4000	4500
0	暗环境	1000	1500	2000	2500
	亮环境	2500	3000	3500	4000

注:1.天空面积百分比指20°视场中天空面积百分比。
2.南洞口指北行车辆驶入的洞口,北洞口指南行车辆驶入的洞口。
3.东洞口与西洞口取用南洞口与北洞口之中间值。
4.暗环境指洞外景物(包括洞门建筑)反射率低的环境,亮环境指洞外景物(包括洞门建筑)反射率高的环境。

入口段的长度计算:

$$D_{th1} = D_{th2} = 0.5\left(1.154 D_s - \frac{h-1.5}{\tan 10°}\right) \tag{7-23}$$

式中:D_{th1}——入口段 TH_1 的长度(m);
D_{th2}——入口段 TH_2 的长度(m);
D_s——照明停车视距(m),可按表 7-13 取值;
h——洞口内净空过渡(m)。

3.过渡段

过渡段是指介于入口段与中间段之间的照明区段,它主要是解决从入口段高亮度到中间段低亮度的剧烈变化给驾驶员造成的不适现象。

根据《公路隧道照明设计细则》(JTG/T D70/2-01—2014)第5.0.1条规定,过渡段宜按渐变递减原则划分为 TR_1、TR_2、TR_3 三个照明段,与之对应的亮度应别按下式计算:

$$L_{tr1} = 0.15 \times L_{th1} \tag{7-24}$$

$$L_{tr2} = 0.05 \times L_{th1} \tag{7-25}$$

$$L_{tr3} = 0.02 \times L_{th1} \tag{7-26}$$

根据《公路隧道照明设计细则》(JTG/T D70/2-01—2014)第5.0.3条规定,过渡段长度应按下式计算:

$$D_{tr1} = \frac{D_{th}}{3} + \frac{v_t}{1.8} \tag{7-27}$$

$$D_{tr2} = \frac{2v_t}{1.8} \tag{7-28}$$

$$D_{tr3} = \frac{3v_t}{1.8} \tag{7-29}$$

式中:v_t——设计速度(km/h);

$\dfrac{v_t}{1.8}$ ——2s 内行驶的距离。

4. 中间段

根据《公路隧道照明设计细则》(JTG/T D70/2-01—2014)第 6.1.1 条规定,中间亮度宜按表 7-16 取值。

中间段亮度表 L_{in} (cd/m^2)　　　　　　　　　　　表 7-16

设计速度 v_t(km/h)	L_{in} (cd/m^2)		
	单向交通		
	N≥1200 辆/(h·lin)	350 辆/(h·lin)<N<1200 辆/(h·lin)	N≤350 辆/(h·lin)
	双向交通		
	N≥650 辆/(h·lin)	180 辆/(h·lin)<N<650 辆/(h·lin)	N≤180 辆/(h·lin)
120	10.0	6.0	4.5
100	6.5	4.5	3.0
80	3.5	2.5	1.5
60	2.0	1.5	1.0
20~40	1.0	1.0	1.0

中间段照明灯具布置要求:

灯具布置应满足闪烁频率低于 2.5Hz 或者高于 15Hz;中间段的灯具平面布置形式可以采用中线布置、两侧交错布置和两侧对称布置,路面亮度总均匀度不得小于表 7-17 的值。

路面亮度总均匀度　　　　　　　　　　　表 7-17

设计交通量 N(辆/h)		U_0
双车道单向交通	双车道双向交通	
≥2400	≥1300	0.4
≤700	≤360	0.3

路面中线亮度纵向均匀度不得低于表 7-18 的值。

亮度纵向均匀度　　　　　　　　　　　表 7-18

设计交通量 N(辆/h)		U_0
双车道单向交通	双车道双向交通	
≥2400	≥1300	0.6~0.7
≤700	≤360	0.5

应急停车带的亮度宜采用荧光灯光源,其照明亮度应大于 $7cd/m^2$,连接通道的亮度应大于 $2cd/m^2$。

5. 出口段

在单向交通隧道中,应设置出口段照明;出口段长度宜取 60m,亮度宜取中间段亮度的 5 倍。在双向交通隧道中,可不设出口段照明。

隧道照明设计中一般情况下宜选择效率高、透雾性能较好的光源。光源的使用寿命应不小于10000h。隧道照明灯具应满足下列要求：防护等级应不低于 IP65；应具有适合公路隧道特点的防眩装置；灯具结构应便于更换灯泡和附件；灯具零部件应具有良好的防腐性能；灯具配件安装应易于操作，并能调整安装角度；灯具不得侵入隧道建筑限界。

根据《公路隧道照明设计细则》(JTG/T D70/2-01—2014)第10.2.2条规定,利用灯具系数利用系数曲线图,可按式(7-27)计算路面平均水平照度 E_{av},并由此可得照明灯具布置间距为：

$$S = \frac{\eta \cdot \varphi \cdot M \cdot \omega}{W \cdot E_{av}} \quad (7\text{-}30)$$

式中：ω——灯具布置系数,对称布置时取2,交错、中线及中央侧偏单光带布置时取1；

η——利用系数,取 $\eta = 0.4$；

M——灯具的养护系数,$M = 0.7$；

W——隧道路面宽度(m),$W = 8.75$m；

S——灯具间距(m)；

φ——灯具额定光通量(lm)。

三、隧道照明设计实例

公路等级：高速公路,单向两车道。

洞内设计车速：$v_t = 80$km/h $= 22.22$m/s。

线路里程 $L = 2000$m。

设计高峰小时交通量：$N_1 = 1358$ 辆/h。

路面类型：水泥混凝土路面。

隧道内净空高度为：$h = 7$m。

隧道照明停车视距：$D_s = 106$m。

路面宽度：$W = 9$m。

洞外亮度：$L_{20}(S) = 4000$cd/m²。

平均亮度 L_{av} 与平均照度间 E_{av} 的系数：12lx/(cd·m⁻²)。

照明灯具：高压钠灯。

灯具维护系数：$M = 0.7$。

灯具利用系数：$\eta = 0.4$。

灯具额定光通量取值参考见表7-19。

(1) 入口段。

入口段照明亮度：

根据设计小时交通量,查表7-12,得入口段亮度折减系数：$k = 0.035$。

则入口段亮度：

$$L_{th1} = k \times L_{20}(S) = 0.035 \times 4000 = 140\text{cd/m}^2$$

入口段照明长度：

$$D_{th} = \left(1.154 D_s - \frac{h - 1.5}{\tan 10°}\right) = \left(1.154 \times 107.06 - \frac{7.00 - 1.5}{\tan 10°}\right) = 91.13\text{m}$$

灯具额定光通量取值参考表　　　　　　　　　　　　　　　表 7-19

灯具功率(W)	灯具额定光通量(lm)
400	48000
250	28000
150	16000
100	9000
70	6000

(2) 过渡段。

过渡段亮度为：

$$L_{tr1} = 0.15 \times L_{th1} = 0.15 \times 140 = 21 \text{cd/m}^2$$
$$L_{tr2} = 0.05 \times L_{th1} = 0.05 \times 140 = 7 \text{cd/m}^2$$
$$L_{tr3} = 0.02 \times L_{th1} = 0.02 \times 140 = 2.8 \text{cd/m}^2$$

过渡段照明长度为：

$$D_{tr1} = \frac{D_{th}}{3} + \frac{v_t}{1.8} = \frac{91.13}{3} + \frac{80}{1.8} = 75 \text{m}$$
$$D_{tr2} = \frac{2v_t}{1.8} = \frac{2 \times 80}{1.8} = 89 \text{m}$$
$$D_{tr3} = \frac{3v_t}{1.8} = \frac{3 \times 80}{1.8} = 133 \text{m}$$

(3) 中间段。

经查表 7-14 可得，中间段照明亮度为：$L_{in} = 3.5 \text{cd/m}^2$。

(4) 出口段。

出口段亮度为：

$$L_{ex1} = 3 \times L_{in} = 3 \times 3.5 = 10.5 \text{cd/m}^2$$
$$L_{ex2} = 5 \times L_{in} = 5 \times 3.5 = 17.5 \text{cd/m}^2$$

出口段宜划分为 EX_1、EX_2 两个照明段，每段长度宜取 30m。

中间段照明计算见表 7-20。

中间段照明计算表　　　　　　　　　　　　　　　　表 7-20

光源	高压钠灯	路面类型	水泥混凝土路面
功率	150W	路面宽度	W = 9m
灯具	×××××	灯具安装方式	对称排列布置
灯具利用系数	η = 0.4	灯具间距	S = 10m
灯具光通量	Φ = 16000 lm	灯具养护系数	M = 0.7
灯具布置系数	本设计为对称布置 N = 2		

可计算照明对路面平均水平照度为：

$$E_{av} = \frac{\eta \cdot \phi \times M \cdot w}{W \cdot S} = \frac{0.4 \times 16000 \times 0.7 \times 2}{9 \times 10} = 99.56 \text{lx}$$

路面亮度计算：

根据《公路隧道通风照明设计规范》(JTJ 026.1—1999)可知，对于水泥混凝土路面，平均亮度和平均照度之间的关系可按下式计算：

$$L_{av} = \frac{E_{av}}{10} \tag{7-31}$$

带入求得：

$$L_{av} = \frac{99.56}{10} = 10 \text{cd/m}^2 > 3.5 \text{cd/m}^2$$

满足设计规范。

入口段照明计算见表 7-21。

入口段照明计算表 表 7-21

光源	高压钠灯	路面类型	水泥混凝土路面
功率	400W	路面宽度	$W = 9 \text{m}$
灯具	×××××	灯具安装方式	对称排列布置
灯具利用系数	$\eta = 0.4$	灯具间距	$S = 2 \text{m}$
灯具光通量	$\Phi = 48000 \text{lm}$	灯具养护系数	$M = 0.7$
灯具布置系数	本设计为对称布置 $N = 2$		

用上述方法可计算照明对路面平均水平照度为：

$$E_{av} = \frac{\eta \cdot \phi \times M \cdot w}{W \cdot S} = \frac{0.4 \times 48000 \times 0.7 \times 2}{9 \times 2} = 1493.33 \text{lx}$$

路面亮度为：

$$L'_{av} = \frac{1493.33}{10} = 149 \text{cd/m}^2 > 140 \text{cd/m}^2$$

满足规范要求。

过渡段 TR_1 照明计算与入口段照明计算方法相同，照明计算资料见表 7-22。

过渡段 TR_1 照明计算表 表 7-22

光源	高压钠灯	路面类型	水泥混凝土路面
功率	150W	路面宽度	$W = 9 \text{m}$
灯具	×××××	灯具安装方式	对称排列布置
光源	高压钠灯	路面类型	水泥混凝土路面
灯具利用系数	$\eta = 0.4$	灯具间距	$S = 3.0 \text{m}$
灯具光通量	$\Phi = 16000 \text{lm}$	灯具养护系数	$M = 0.7$
灯具布置系数	本设计为对称布置 $N = 2$		

照明对路面平均水平照度为：

$$E_{av} = \frac{\eta \cdot \phi \times M \cdot w}{W \cdot S} = \frac{0.4 \times 16000 \times 0.7 \times 2}{9 \times 3} = 331.85 \text{lx}$$

路面亮度为:

$$L'_{av} = \frac{331.85}{10} = 33 \text{cd/m}^2 > 21 \text{cd/m}^2$$

满足规范要求。

TR_2 段照明计算与入口段照明计算方法相同,照明计算资料见表7-23。

过渡段 TR_2 照明计算表 表7-23

光源	高压钠灯	路面类型	水泥混凝土路面
功率	150W	路面宽度	$W = 9$ m
灯具	×××××	灯具安装方式	对称排列布置
灯具利用系数	$\eta = 0.4$	灯具间距	$S = 8$ m
灯具光通量	$\Phi = 16000$lm	灯具养护系数	$M = 0.7$
灯具布置系数		本设计为对称布置 $N = 2$	

照明对路面平均水平照度为:

$$E_{av} = \frac{\eta \cdot \phi \times M \cdot w}{W \cdot S} = \frac{0.4 \times 16000 \times 0.7 \times 2}{9 \times 8} = 124.44 \text{lx}$$

路面亮度为:

$$L'_{av} = \frac{124.44}{10} = 12.4 \text{cd/m}^2 > 7 \text{cd/m}^2$$

满足规范要求。

TR_3 段照明与中间段相同,亮度为 $3.5 \text{cd/m}^2 > 2 \text{cd/m}^2$。满足规范要求。

出口段照明计算与入口段照明计算方法相同,照明计算资料见表7-24。

出口段照明计算表 表7-24

光源	高压钠灯	路面类型	水泥混凝土路面
功率	150W	路面宽度	$W = 9$m
灯具	×××××	灯具安装方式	对称排列布置
灯具利用系数	$\eta = 0.4$	灯具间距	$S = 5$m
灯具光通量	$\Phi = 16000$lm	灯具养护系数	$M = 7$
灯具布置系数		本设计为对称布置 $N = 2$	

照明对路面平均水平照度为:

$$E_{av} = \frac{\eta \cdot \phi \times M \cdot w}{W \cdot S} = \frac{0.4 \times 16000 \times 0.7 \times 2}{9 \times 5} = 199.11 \text{lx}$$

路面基本亮度为:

$$L_{av} = \frac{199.11}{10} = 20 \text{cd/m}^2 > 17.5 \text{ cd/m}^2$$

满足规范要求。

灯具布置方式:灯具对称布置在隧道两侧壁上,详细布置见图7-6。

上述各隧道段的照明计算结果表明,本隧道各段的照明设计,包括灯具、数量、布置方式及间距等均是合理的。

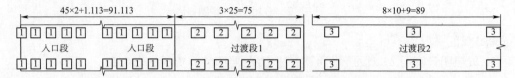

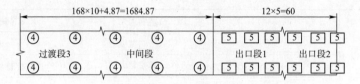

图 7-6　隧道照明灯具布置示意图(尺寸单位:m)

第八章 山岭隧道内路基与路面设计

第一节 路面与路基结构设计

隧道埋于地下,一般要从各种地层中穿过,隧道路基与路面设计也与洞外路线有很大的不同。相比于洞外路线,隧道内路面路基具有以下特性:

(1)隧道路基(底板)处于山体中,地下水对路基路面的影响更大。

(2)隧道为管状构造物,空间狭小,存在汽车排放废气、积聚等现象,这些废气、油烟、粉尘在路面表面的黏附比洞外大。油渍路面污染,粉尘的黏聚使路面抗滑性能变差,且得不到天然降雨的冲洗,长期作用会影响路面的抗滑性能。

(3)洞内发生火灾时,其温度对路面的影响比洞外严重。

(4)洞内路基路面受场地条件限制,施工条件差,维护难度大。

(5)行车安全受雨天影响大,隧道洞口段车辆带进的水,会降低路面抗滑性能。

(6)洞内行车条件总体上光线差,视觉环境差,对行车不利。

由于公路隧道的特殊性,使得隧道内的交通量、行车速度、平纵线形指标、气候条件对行车安全影响比一般路段更大。隧道路面结构对抗地下水的侵蚀及抗软化能力应比洞外更高,刚性路面系统水稳性好,对环境适应性较强,目前国内隧道也多采用刚性路面系统。低弹性模量的半刚性路面会导致路面寿命缩短,采用半刚性和柔性路面系统很少。

一、路面设计

关于隧道路面的设计,目前欧洲几乎所有的隧道都采用沥青路面,而在日本则采用水泥混凝土路面,而我国以前公路隧道多采用水泥混凝土路面。自从《公路隧道设计规范》(JTG D70—2004)颁布实施后,越来越多的高速公路隧道、一级公路隧道采用复合式路面。复合式路面具有明显提高行车安全性、减少事故率的优点。因此,在隧道路面设计中一级公路、高速公路隧道路面推荐采用上面层为沥青混合料与下面层为水泥混凝土的复合式路面。但国内地域辽阔、地区差异大,发展不平衡,交通量和运输状况不同,要求也不同。其他等级公路隧道根据交通运输状况、地方特点、材料供应、经济分析等采用复合式路面或水泥混凝土路面。

根据《公路隧道设计规范 第一册 土建工程》(JTG 3370.1—2018)中相关规定:

(1)隧道路面设计应根据道路等级、交通繁重程度、路基承载能力、当地环境条件、材料供应情况、气候条件、施工条件、全寿命周期费用分析和资金筹措等因素,综合选择路面类型、路面结构层次和厚度。

(2)隧道路面除应具有足够的强度、耐久性,符合路面的抗滑、耐磨、排水及平整度等技术条件外,还应具有较好的耐火性能,满足低噪声和防眩光等方面的要求。

(3)隧道路面结构应根据交通量、设计速度、平纵线性指标、当地环境条件、材料供应情况、全寿命周期费用分析等因素进行经济、技术比较后确定。

(4)隧道路面结构也应考虑排水问题,隧道路面下完善的排水系统可减少病害,大幅提高路面结构的使用寿命。特别是沥青面层对水敏感、水稳性差,保证无水环境至关重要。故应在隧道路面结构以下设置排水系统。

1. 隧道主洞路面设计

路面可以采用水泥混凝土路面或者沥青混凝土复合式路面结构。对于不设仰拱的隧道路面,宜设整平层、基层和面层,设仰拱的隧道路面可只设基层和面层,整平层混凝土的弯拉强度应与基层相同,厚度为不宜小于15cm。

基层是指在路基(或垫层)表面上用单一材料按照一定的技术措施分层铺筑而成的层状结构,其材料与质量的好坏直接影响路面的质量和使用性能。基层是整个道路的承重层。起稳定路面的作用。一般可采用素混凝土,适宜的厚度范围为15～20cm,其抗压强度不低于C20或弯拉强度不低于1.8MPa,应设置与混凝土面层相对应的横向缩缝,一次摊铺宽度大于7.5m时,应设纵向缩缝,对于要增设整平层的隧道路面,隧道整平层的平均厚度不宜小于15cm,对于不设仰拱的隧道路面基层应置于坚实的地基上。

路面面层是指直接通行车辆并和大气相接触的层位,承受行车荷载较大的竖向力、水平力和冲击力的作用,同时又受降水的侵蚀作用和温度变化的影响。路面面层具有较高的结构强度、刚度、耐磨、不透水和高低温稳定性,并且表面层还具有良好的平整度和粗糙度。面层可由一层或数层组成,高等路面可包括磨耗层、面层上层、面层下层,或称上(表)面层、中面层、下(底)面层。面层混凝土板通常分为素混凝土板、钢筋混凝土板、连续配筋混凝土板、预应力混凝土板等。

隧道采用水泥混凝土路面面层时应符合下列规定:二级、三级、四级公路宜采用设接缝的水泥混凝土面层;水泥混凝土面层厚度:三级、四级公路隧道宜为200～220mm,二级公路隧道厚度宜为220～240mm;混凝土强度等级:三级、四级公路隧道宜为C35～C40,抗折强度宜为4.0～4.5MPa;二级公路隧道混凝土强度等级不宜小于C40,抗折强度宜为4.5～5.0MPa。近年来,公路隧道水泥混凝土路面反映的主要问题是表面抗滑能力不足,表面附着系数(摩擦系数)低,由侧滑造成交通事故率高。经过研究和实测表明,在混凝土面层上设置刻槽能很好地提高表面抗滑能力,刻槽的种类主要有纵向刻槽与横向刻槽两种,纵向刻槽主要增大横向滑动或转向摩擦力,可防止侧滑;横向刻槽主要增大纵向制动摩擦力,缩短制动距离。故对二级及以下公路隧道,一般路段可采用横向刻槽,在弯道处、大纵坡段、高速公路、一级公路隧道路面宜采用纵向刻槽或横向槽和纵向刻槽结合使用的方法提高抗滑能力。由《公路水泥混凝土路面设计规范》(JTG D40—2011)可知,混凝土面层的表面构造深度要求见表8-1。

高速公路、一级公路应采用连续配筋混凝土面层或钢纤维混凝土面层。水泥混凝土面层厚度宜为240～260mm,混凝土强度等级宜为C40～C50,抗折强度不宜小于5.0MPa。

混凝土面层的表面构造深度表　　　　表 8-1

公路等级	高速公路、一级公路	二级、三级、四级公路,汽车横向通道
一般路段	0.70~1.10	0.50~1.00
特殊路段	0.8~1.2	0.6~1.1

复合式路面沥青面层的设置应符合下列规定:应由黏结层和沥青面层组成;沥青面层厚度宜为80~100mm,宜采用双层式沥青面层。沥青面层应具有与混凝土面板黏结牢固、防水渗入、抗滑耐磨、低温抗开裂、高温抗车辙、抗剥离的良好性能。沥青表面层厚度、混合料类型宜与洞外路段相同,应采用抗滑表面层。沥青面层应选用密级配沥青混合料,纤维稳定剂宜选用矿物纤维,特长隧道宜采用温拌沥青混合料,各种外加剂的掺入应不影响混合料的路用性能。沥青上面层在调平层上铺装时,混凝土调平层厚度不宜小于80mm,并应设钢筋网;纤维混凝土调平层厚度不宜小于60mm;调平层混凝土强度应与下层钢筋混凝土结构路面板一致,并应结合紧密。沥青面层与混凝土面板间应设置黏结层,宜采用改性乳化沥青加热喷SBS改性沥青+预拌沥青碎石黏结层。沥青面层在黏结层上应设置防水层,防水层和黏结层宜配合使用。隧道结构变形缝、非连续配筋且无拉杆的混凝土面层接缝和胀缝处,以及存在后期不均匀沉降的软弱地层的隧道段,应在水泥混凝土面板相应位置铺设长纤维无纺聚酯类土工织物。

洞内采用水泥混凝土路面而洞外采用沥青路面时,应设置与洞外路段保持一致的洞内过渡段(过渡段设置可见图8-1),并应符合下列规定:

(1)高速公路和一级公路的中隧道、长隧道和特长隧道,进口洞内过渡段长度不应小于隧道照明入口段、过渡段合计长度,且不应小于300m。洞内出口过渡段长度不应小于3s设计速度行程长度。

(2)高速公路和一级公路短隧道,以及二级、三级、四级公路隧道,洞内进、出口路面过渡段长度不应小于3s设计速度行程长度且不应小于50m。

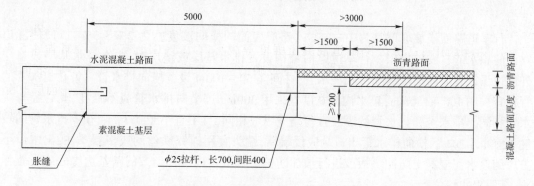

图8-1　混凝土路面与沥青路面相接过渡段(尺寸单位:mm)

当隧道中采用两种或两种以上的路面结构时,不同路面结构衔接应符合下列规定:第一,桥隧相接或与固定构造物相衔接的胀缝无法设置传力杆时,可在距衔接缝10~15m长的混凝土路面结构内配置双层钢筋网。第二,隧道内混凝土路面面层与沥青路面面层衔接时,沥青路面面层一侧应设不少于3m长的过渡段。过渡段的路面采用两种路面呈阶梯状叠合布置,其下面变厚混凝土过渡板厚度不应小于200mm。过渡板与混凝土面层相接处的接缝内宜设直径25mm、长700mm、间距400mm的拉杆。

2. 人行横通道路面设计

由于人行横道仅用于人员的通行,故人行横道受到的荷载会比行车路面上的荷载小得多,故目前对人行横道上路面设计的要求会降低很多,人行横道的面层及整平层一般设置为10~20cm厚C25水泥混凝土。

二、路基结构设计

隧道路基结构的设置则应根据隧道的实际情况进行设计,对于是否设置仰拱的隧道,路基结构设计应分开进行考虑。

设置仰拱的隧道,衬砌结构为封闭结构,仰拱填充要求为采用混凝土或片石混凝土回填,可达到较好的路基稳定性、密实性、匀质性。

不设仰拱的天然石质地基作为隧道路基,受地下水影响大,对水稳性、软化程度提出了一定的要求。稳定的石质地基是指地基为巨块状、完整的、无显著软化的坚硬岩,较坚硬岩或较软硬岩。山岭隧道一般采用爆破开挖施工,隧底爆破对围岩完整性会产生一些影响。

第二节　道路排水设计

研究发现,水对路面结构的损害很大,它可以侵蚀、软化隧道面层,从而降低隧道结构的耐久性,造成隧道路面结构的损坏。并且对于有水的隧道路面,这会大大减小隧道路面的摩擦力,从而会减少行车的安全性。故隧道道路的排水设计也十分重要,必须按照规范进行设计,从而使道路排水能够顺利地进行,减少隧道路面的水量,提高道路的使用耐久性以及运营行车的安全性。

根据《公路水泥混凝土路面设计规范》(JTG D40—2015)可知,隧道路面设计的一般规定为:

行车道路面横坡坡度宜为1%~2%,路肩表面的横向坡度宜为2%~3%,以便使隧道路面的积水能自发地排出。行车道路面结构设置排水基层或垫层时,应在排水基层或垫层外侧边缘设置纵向集水沟和带孔集水管,并间隔50~100m设置横向排水管。带孔集水管的管径宜采用100~150mm;集水沟的宽度宜采用300mm。横向排水管应不带孔,其管径与集水管相同。集水沟和集水管的纵坡宜与路线纵坡相同,且不宜小于0.3%。横向排水管的坡度不宜小于5%。横向排水管出口端应设端墙,端头宜用镀锌铁丝网或格栅罩住,出水口下方应铺设水泥混凝土防冲垫板或进行坡面防护。在横向排水管上方的路基边缘处应设置标志,标明出水口位置。

在进行隧道设计时,应根据所设计隧道的实际情况,结合上述规定进行合理的取值。选择合适的路面横坡以及排水沟及其他排水设施。隧道洞内外排水沟衔接平面布置图见图8-2。

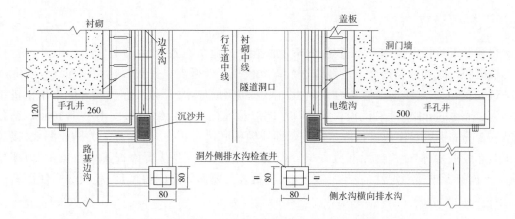

图 8-2 隧道洞内外排水沟衔接平面布置图(尺寸单位:cm)

第三节　道路路面铺装(施工)

隧道道路的铺装施工也十分重要,它对隧道路面的稳定性和耐久性有很大的影响,如果隧道路面的铺装不符合规范设计要求,则会大大降低隧道路面的使用年限。水泥混凝土隧道路面的铺装施工流程如图 8-3 所示。

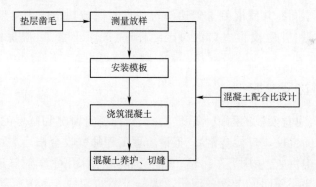

图 8-3　路面铺装施工流程图

一、测量放样

隧道在进行铺装施工前应先进行实地测量,根据测量结果指导隧道铺装施工。为了便于测量高程,在隧道进出口均应布设水准点,并且要求所有点均做明显标识,高程定位明确,以保证在施工过程中对模板尺寸进行精确定位。

二、安装控制钢筋

根据测量组放出的点位,弹出模板底内口线并采用小型钻机对点位进行钻眼,埋设控制钢筋。现场技术员采用水准仪对控制钢筋顶面进行抄平,并下发混凝土路面顶高程进行技术交底。

三、模板支立

现场领工员根据技术室下发的技术交底指导作业队在控制钢筋上作出标记并进行挂线。根据底口线和控制钢筋上的线绳进行支立模板。模板支立完成后模板顶面要与线绳高度一致,模板内口与线绳位置重合。模板加固采用钢筋加木楔固定,在模板外侧采用钻机钻大小为 25mm 的孔眼(一块模板 3 个,模板、端部及模板中部),钻眼深度不小于 10cm,钻孔内塞入 25mm 钢筋对模板进行固定。相邻两块模板间错台不得大于 2mm,为防止漏浆,接缝处用双面胶填塞,保证模型无漏浆现象。模板安装完成后,要认真检查其平面位置、顶部高程、节点连接及纵横稳定性,浇筑混凝土前,模板表面要均匀涂刷脱模剂,脱模剂需使用新机油,不得使用废机油。

四、混凝土拌制

混凝土拌制过程中,各种计量仪器必须保持准确,对集料的含水率要经常进行检测,雨天要增加检测次数,据以调整集料和水的用量。混凝土要拌制均匀,颜色一致,不得有离析和泌水现象。混凝土坍落度要在拌和地点和施工地点分别进行检测,并以浇筑地点检测值为准。

五、混凝土运输

为使浇筑工作不间断并使混凝土到达浇筑地点时保持规定的坍落度,应将混凝土拌合站设置在施工处附近,并应设置多台混凝土运输车、混凝土泵车,确保混凝土浇筑能连续进行。

六、混凝土浇筑及养护

混凝土浇筑前,应对模板的间距、高度、润滑、支撑稳定情况和基层的平整、润湿情况、传力杆装置等进行全面自检。自检合格后,报请监理工程师验收合格后方可进行混凝土浇筑。混凝土为搅拌站集中供应,采用罐车运输。混凝土浇筑前采用水车对隧道路面进行冲洗,保证隧道路面混凝土垫层顶面无杂物及泥土。混凝土浇筑完成 6~8h 后进行养护,养护时间不少于 7 天。混凝土养护采用土工布覆盖,养护期间严禁堆载重物。

七、拉毛

为增加沥青层与路面混凝土的黏结性,在混凝土初凝前,对路面混凝土表面进行拉毛处理。拉毛时,将铝合金尺放在模板上,拉毛刷紧贴铝合金尺沿路面横向从一侧拉倒另一侧,拉毛深度控制在 0.7~1.1mm。

八、拆模

混凝土达到设计强度 2.5MPa 后方可拆除模板,模板拆除应按设计的顺序进行拆除,设计无规定时遵循先装后拆、后装先拆的原则进行,拆模过程中注意对混凝土成品的保护,防止模板与结构物碰撞产生结构物刮伤、掉角等现象。

九、缩缝设置

根据规范要求,隧道缩缝一般分为横向缩缝、胀缝和纵缝。纵缝设置:纵缝沿隧道纵向通长设置,纵缝拉杆埋设采用直接在模板上打眼,浇筑混凝土过程中,直接预埋。纵缝宽0.5~0.8cm、深4cm,在混凝土浇筑完毕后及时切出,并采用沥青进行灌缝。胀缝设置:在隧道衬砌类型变化及洞口处设置胀缝,宽2~2.5cm,胀缝边角处设角隅钢筋补强。钢筋网设于板上部,距板顶6cm。胀缝应与路中心线垂直,缝壁必须垂直,缝隙宽度必须一致,缝中不得连浆。胀缝下部采用橡胶沥青接缝版,顶部4cm采用沥青灌缝。传力杆的活动端要交错布置,且在滑动端涂刷沥青,滑动端头设置塑料套,塑料套内填塞木屑或泡沫塑料。传力杆的固定,采用支架固定;固定后的传力杆必须平行于板面。支架固定传力杆安装方法,传力杆长度的一半应穿过胀缝板和端头挡板,并应用钢筋支架固定就位,浇筑时应先检查传力杆位置,再在胀缝两侧摊铺混凝土拌合物至板面,振捣密实后,抽出端头挡板,空隙部分填补混凝土拌合物,并用插入式振捣器振实。传力杆采用$\phi 25$钢筋,长50cm,并在钢筋上涂刷沥青,涂刷长度不小于25cm,拉杆沿胀缝每25cm设置一根。

当隧道路面铺装完成养护后,再进行整体浇筑质量检测,测试路面结构是否已经达到了预定强度。待强度满足要求后,完成整个隧道铺装的施工工作。

第九章 山岭隧道附属设施设计

第一节 隧道内交通工程设计

公路隧道交通工程设计内容主要包括标志、标线、交通监控、通风与照明控制、紧急呼叫、火灾报警、防灾与避难、供配电和中央控制管理。对隧道交通工程进行分级,通过隧道长度和隧道交通量把隧道交通工程化为 A、B、C、D 四级。根据划分的交通工程等级进行隧道设施的设计配置,采用前期配置,后期完善的方法。对于长度在 1.0km 以上的隧道各类设施的配置规模应根据预测交通量进行总体设计,并且进行一次性的征用土地和实施基础工程、地下管线及预留预埋工程等。各个设施应该视技术发展和交通量增长情况等逐步补充完善。

第二节 设备及检修附属设施设计

隧道中应设置一定的设备洞室,用于放置各种设备,以保障隧道运营的顺畅和安全。设备洞室主要有配电洞室、变压器洞室、灭火洞室及紧急电话洞室等。

配电洞室设计时,应考虑预留足够的放置空间和维护操作空间,同时也应考虑防护要求。配电洞室通常防护等级为 IP55。

变压器洞室设计时,应结合变压器的实际需要确定尺寸,预留足够的放置空间和维护操作空间,同时也应考虑防护要求。其尺寸宜为 250cm × 300cm × 180cm,底面应与检修道齐平。

灭火器洞室的空间尺寸可根据放置消防设备的类型有所不同,常见的消防设备有洞内消火栓、AFFF 灭火装置、灭火器等。灭火器洞室设计时,应考虑预留足够的放置空间和维护操作空间。其尺寸宜为 240cm × 110cm × 40cm(宽 × 高 × 深),底面高于检修道 80 ~ 100cm。

紧急电话室用于放置紧急电话设施,以便紧急情况下当事者或发现者能及时联系隧道管理人员。紧急电话洞室宜按以下原则设置:

(1)紧急电话洞室间距不宜大于 200m。
(2)紧急电话洞室应能容纳人体大小,并配隔音门。
(3)紧急电话洞室尺寸宜为 100cm × 185cm × 100cm(宽 × 高 × 深)。
(4)紧急电话洞室防护等级为 IP65。

第三节　隧道内防护与装饰

为了提高行车安全,增加隧道内部的行驶舒适性,隧道内应设置一定的内防护与装饰。内防护一般为在道路两侧设置防撞护栏,防止车辆驶出道路,减少对隧道的冲击。

隧道内装一般采用张贴饰面板、镶板、瓷砖或者油漆等材料,具体应根据隧道的实际情况进行设置,内装具有以下作用:

(1)提高照明效果,营造良好的隧道内视觉环境。

(2)统一和美化隧道墙面。

(3)吸纳隧道内的噪声。

(4)满足隧道防火的要求。隧道装饰面板应具有良好的耐高温和耐火性,在高温环境下,不产生大量烟雾或有害气体。

(5)装饰面板应具备足够的强度,能够抵抗施工荷载和冲洗荷载。

第四节　隧道消防设施设计

火灾也是隧道中经常会发生的灾害,火灾会严重影响行人的安全和隧道整体的稳定性(图9-1),所以对隧道进行消防设施的设计是十分有必要的。根据隧道在路网中所处的位置及对应的重要性和隧道发生灾害后可能造成的危害等级,将其划分为不同的安全等级。根据不同的隧道安全等级,与之相应的火灾预防设备和火灾预防、火灾救援方案也就随之不同。准确制定安全等级是划分公路隧道防灾安全等级的关键点。这些规则可以从下面几个角度来考虑:第一点就是隧道的大小长短和安全等级的相应关系,通常来讲长大隧道如果发生火灾的话,就很有可能产生严重的后果,因此对它的安全等级要求就较高。第二点在于隧道的运输量和防灾安全等级的关系,运输量很大的隧道,发生灾害的可能性就会大大增大,所以其相应的安全等级就要随之提高。第三点在于隧道的经济效应和防灾安全等级的联系,隧道在经济建设中所占影响因子越大,发生火灾后造成的经济损失越大,对防灾安全等级的要求也越高。同时,还需要考虑到越高的安全等级,维持它的日常运作的经费支出就更大。

图9-1　隧道火灾救援图

一、隧道防火设计

对于公路隧道建成后的运营管理和防火救火来说,管理比设施更加重要,监控是防灾核心,手册是救灾指南,预案可以作为保障来指导救灾。隧道防火救灾均应遵循这一规则,防火救火要有机地结合起来,救火的时候应首先让人员进行逃生,救灾的基本队伍要及时到位并补齐短板。

隧道防灾预案的控制流程如下:

(1)灾害报警信号要及时有效地发出。当隧道内部起火燃烧时,有关的火灾探测器应确保发出信号,与此同时附近的管理工作人员听到警报时会马上利用周边的设备施以援手,监控系统的有关人员要向有关部门发出求救信号,以此通知道路路政大队、交警、火警等单位。现场的有关责任人要根据现场情况,制定出救援方案,输送参与救援人员入场,将受伤员送往医院,尽快通过相关措施联系车辆、设备,并协调各方的救援力量有效地开始救援,还必须要做好救援保障措施,以保证救援人员的安全,按秩序地把人群送往安全地带进行救治和疏散。

(2)严禁事故隧道驶入更多车辆,以免制造出更大的混乱,火灾的相关信息必须及时送出。着火时,为了救援的高效安全也为了减少更大的损失,与救援无关的车辆必须禁止进入救援现场,隧道相关出入口应设置相应的安全提示标志,及时疏散堵塞的交通并通过有关的设备、广播等及时发布火灾信息,以防止交通进一步发生堵塞。

(3)火灾时通风设备的工作应按照预定方式进行。起火时,及时将各风机开启到临时工作状态进行火灾通风,排除隧道内有毒有害气体,还应注意烟雾的排除方向以避免干扰救援,与此同时各照明设施也应调至临时状态,以此为救援提供方便。为人员疏散提供照明条件,各装置应协调有序,避免烟雾逆流,照明不足,干扰救援进行。

(4)此时,未发生火灾的隧道应改为双向运营模式。起火隧道无法完成通行任务,车辆运行必然受阻,此时只能选择另一端的隧道通行,应开启双向运营模式并派专人指挥交通,使之完成正常的交通通行任务。

(5)当未起火隧道处于双向运行模式时,各闸口必须保持畅通,横纵向通道必须开启,各交通指示器也应处于工作状态。

(6)此时广播系统应该开启,通过广播系统协调各部门进行工作,对拥挤的人群指出各个逃生路口。人员逃出隧道后,上游通道随即关闭,由专业人员开始组织灭火。

在进行隧道工程设计时,隧道防火系统应当根据所设计的公路隧道实际情况进行设计,一般隧道防火设计可分为隧道消火栓系统、隧道灭火器系统、隧道消防水泵房及水泵、隧道消防管道的敷设几部分。

1. 隧道消火栓系统

(1)在隧道行车方向右侧设置消火栓洞室,纵向间距宜为50m。隧道消火栓洞室设2只DN65消火栓、1套小口径DN25消防卷盘、1支低倍数泡沫混合器、1支低倍数泡沫喷枪及30L低倍数泡沫原液、放水阀等管路配件、2条25m长DN65橡胶水龙带、2支直径19mm水枪等。

(2)隧道消火栓给水管构成环状以提高供水可靠性;消火栓给水管采用热镀锌无缝钢管,管道接头采用沟槽式卡箍连接;隧道内给水管用蝶阀分隔成相应的独立段,每段内消火栓数量不超过5个,所有蝶阀常开;隧道洞口外设地上式消火栓、水泵接合器、闸阀井及Y型过滤器等。

(3)消火栓系统主要技术指标:

水枪充实水柱长度≥10m。

喷射流量≥5L/s。

承受压力≥1.6MPa。

水成膜泡沫灭火系统用水量为1L/s,最不利点比例混合器所需供水压力为0.35MPa,泡沫混合液浓度为3%,喷射时间≥30min,喷射距离≥6m,由消火栓给水系统供水。

当消火栓栓口流量为5L/s时,动水压不大于0.5MPa。

2.隧道灭火器系统

(1)灭火器系统设置在隧道行车方向右侧的消火栓洞室内,纵向间距为50m。隧道内灭火器系统采用干粉灭火器和泡沫灭火器各2具,每具6kg,可有效扑灭隧道初期或小型A、B、C类和E类火灾。

(2)隧道洞内、外变电所根据《建筑灭火器配置设计规范》(GB 50140—2005)要求设置一定数量的干粉灭火器。

3.隧道消防水泵房及水泵

消防水泵房设置在隧道洞口外地势平缓处,泵房吸水井为钢筋混凝土低位消防水池,地上部分为单层框架结构,地下部分为钢筋混凝土结构。消防水泵控制设备及工作间在地上部分,消防水泵位于地下部分。水泵房实用面积为$4.5 \times 11.04m^2$。

消防水泵房内设2台消防水泵(1用1备),另设1台排水泵,用于排出泵房内供水管道和消防水泵渗漏水。消防水泵采用监控站远程控制、水泵房内现场控制、液位仪自动控制等3种控制模式,并应能在监控站火灾报警与消防控制计算机显示消防水泵运行状态。

4.隧道消防管道敷设

消防给水管采用DN150热镀锌无缝钢管,沟槽式卡箍连接件连接。隧道内消防给水钢管防腐采用刷防锈漆两遍,隧道外消防给水钢管防腐采用刷防锈漆两遍,外刷热沥青两遍。隧道外给水管埋地敷设,过路采用套管保护,埋深应不小于80cm。为减少消防给水沿程损失,隧道中部消防给水干管采用DN200热镀锌无缝钢管。全线设有水消防系统的隧道均须采取消防管道保温措施。

二、公路隧道火灾事故应急救援

1.公路隧道火灾应急救援原则

隧道火灾应急救援应坚持以下8项原则:

(1)隧道火灾应及早探测、报警,并尽快扑灭火灾。

(2)应事先制定好应急救援及避难疏散线路、预案,引导标志应醒目、简单、明确。

(3)隧道火灾应急救援作业以隧道既有设备为主,救援机构装备为辅。

(4)以人员抢救为第一原则和要务。

(5)确保火灾应急救援通道畅通无阻。

(6)做好证隧道火灾应急救援的后勤保障工作。

(7)隧道内发生火灾时,后续车辆应禁止进入隧道。

（8）明确各救援单位的职责，协调联合救援队伍的行动。

2. 公路隧道火灾应急救援流程

根据国内外积累的相关经验，隧道发生火灾时，要求应急救援队伍应能够在10min内抵达火灾现场，尽量减少火灾造成的损失。当隧道发生火灾情况时，可通过不同方式实现报警。

当火灾确认无误后，通知相关单位按各自职责展开救助，并按预案要求实施交通管制、照明控制、通风控制、照明控制。同时，将火灾情况上级有关部门，以进一步指导应急救援工作。

3. 公路隧道火灾工况机电系统联动控制

公路隧道内发生火灾时，立即封闭隧道，火灾隧道下游车辆应迅速撤离，火区附近临危人员应展开自救或弃车逃生，火灾点上游部分滞留车辆应停靠在道路右侧，为应急救援车辆让出道路，或根据交通诱导驶向安全地带。

当隧道发生火灾时，火灾点下游人员自行驾车由出口迅速撤离，火灾点上游人员弃车通过逃生道进入非火灾隧道撤离。

4. 公路隧道火灾事故现场交通管制措施

需要封闭隧道时的交通管制措施：

（1）在确保安全的情况下派人接近事故现场了解情况，并在隧道入口前500m处实施封道，禁止车辆进入，同时尽快引导因事故滞留在隧道内的人员、车辆安全撤离。

（2）从道路封闭点开始，指挥等候通行的车辆有序停放，预留救援车道保障救援单位车辆顺利通行。

5. 公路隧道火灾事故救援措施

对于特长隧道，应在隧道附近的隧道服务管理区中配置一定数量的消防车和救护车，以便在隧道发生火灾后能更及时地灭火和救援。如秦岭终南山隧道中不仅配备了消防车和救护车，还配置了数辆摩托救援车（图9-2、图9-3）。救援摩托车驾驶员必须为熟悉并且能够独立操作隧道洞内消防设施的隧道值班管理人员，一般时候作为引导、指挥危险品车辆的机动车辆，当发生火灾后洞内行驶车辆拥堵的时候，可以以最快的速度通过检修道到达着火点，启动洞内灭火设施并且组织被困的人员有序逃生。

图9-2　消防车和救护车

第九章　山岭隧道附属设施设计

图 9-3　救援摩托车

在隧道火灾发生后,应尽量减少隧道内拥堵情况,尽快疏散人群,可以采用灯光诱导或图标引导隧道人员远离着火区并警示隧道外面车辆进入隧道,从而减少救援难度。如上海长江隧道中就设置了指示图标,它可以显示该点与最近的逃生口的距离以及所处的位置(图 9-4),并且当隧道发生火灾后在洞口处会用激光在水幕上打出禁止通行的标志,以提醒洞外驾驶员,防止外来车辆进入。

图 9-4　防火指示图标

第十章　山岭隧道施工组织设计

施工组织设计是施工准备工作最重要的环节，是用来指导现场施工全过程中各项活动的综合技术文件。它的重要性主要表现在：由于不同的地下建筑物有不同的施工方法，就是相同的地下建筑物其施工方法也不尽相同；即使同一个标准设计的地下建筑物，因为建造的地点不同，其施工方法也不可能完全相同。所以没有固定不变的施工方法可供选择，应该根据不同的工程特点，详细研究工程地区环境和施工条件，从施工的全局和技术经济的出发，遵循施工工艺的要求，合理地安排施工过程的空间布置和时间排列，科学地组织物质资源供应和消耗，把施工中的各单位、各部门和各施工阶段之间的关系协调起来，进行统一部署，并通过施工组织设计科学地表达出来。

基本建设的程序分为规划、设计和施工3个阶段：规划阶段是确定拟建工程的性质、规模和建设期限；设计阶段是编制实施建设项目的技术经济文件，把建设项目的内容、建设方法和投产后的建设效果具体化；施工阶段是制订实施方案，施工阶段中的投资一般占基本建设总投资的60%以上，远高于规划和设计阶段投资的总和，因此是基本建设中最重要的阶段。可见，编制好施工组织设计是保证施工的顺利进行、实现预期的效果的重要一环。

地下工程和地面工程的施工有很多不同之处，有其显著的特点，因此，施工组织设计必须遵循其特点来编制。地下工程的特点主要表现在：地下作业环境差，地质条件多变，不确定因素多（如溶洞、塌方、断层、变形、岩煤等），工程施工影响大；工作面狭小，各施工工序相互影响大，大型地下工程（如隧道），是一条形工程，工序循环周期性强，利于专业化流水作业；地下工程施工不受气候影响，施工安排相对稳定等。因此，在编制地下工程的施工组织设计时，要针对其特点来进行。

施工组织的内容主要包括以下几方面：

(1) 编制的依据和原则。
(2) 建设项目工程概况。
(3) 施工计划及主要施工方案。
(4) 施工准备工作计划。
(5) 施工总进度和季(月)计划。
(6) 资源需要量计划。
(7) 施工总平面图设计。
(8) 主要施工技术措施。
(9) 质量、安全、节约的技术措施。
(10) 技术经济指标。

第一节　隧道施工准备及施工场地布置

一、隧道施工准备

在施工前应对隧道周围进行详细的调查,从而更好地指导施工。隧道调查的内容主要包括:隧道施工对地表和地下已设结构物的影响;交通运输条件和施工运输便道方案比选;施工场地布置与洞口相邻工程、弃渣利用、农田水利、征地等的关系;建筑物、道路工程、水利工程和电信、电力线等设施的拆迁情况和数量;调查和测试水源、水质并拟定供水方案;天然筑路材料(黏土、砂砾、石料)的产地、数量、质量鉴定及供应方案;动力、通信、机具车辆维修、物资、消防、劳动力、生活供应及医疗卫生条件;当地气象、水文资料及居民点的社会状况和民族风俗;施工中和营运后对自然环境、生活环境的影响及需要采取的保护措施。

施工单位进行施工前应全面熟悉设计文件,做好下列核对工作:技术标准、主要技术条件、设计原则;隧道设计的勘测资料,如地形、地貌、工程地质及水文地质、钻探图表等;隧道平面、纵断面;洞门位置、式样、衬砌类型是否与洞口周围环境及衔接工程相适应;设计文件中确定的施工方法、通风方案、技术措施与施工实际条件是否相符合;洞外排水系统和设施的布置是否与地形、地貌、水文、气象等条件相适应。

二、施工便道及场地规划

单位工程施工平面布置图是用以指导单位工程施工的现场平面布置图,是施工组织设计的重要组成部分,既涉及与单位工程有关的平面问题,同时也涉及与单位工程有关的空间问题。因此,合理的施工平面布置,对于顺利执行施工进度计划是非常重要的。相反,可能会导致施工混乱,影响施工进度、生产效益和工程成本,如图10-1所示为隧道施工场地一般布置图。

1. 施工便道

隧道施工便道从隧道中间段上方等级公路引入,修建标准为:路面宽度7.0m,双车道,采用片石基层、泥结碎石路面、浆砌块石路肩,单面坡排水,汇水侧设浆砌块石排水沟,便道长200m。

2. 场地规划

隧道的场地规划应该以洞口为中心布置施工场地,施工场地应事先规划,分期安排,并减少与现有道路交叉和干扰;轨道运输的弃渣线、编组线和联络线,应形成有效的循环系统;长隧道洞外应有大型机械设备安装、维修和存放的场地;机械设备、附属车间、加工场应相对集中。仓库应靠近公路,并设有专用线;合理布置大堆材料(砂石料)、施工备品及回收材料堆放场地的位置;隧道施工场地应统一规划,做到合理布局、形成网络。如果事前没有很好的规划,很容易造成相互干扰、使用不便、效率不高等不合理现象,甚至发生不安全事故。

(1)弃渣场地及卸渣道路的布置。

隧道弃渣尽量利用,作为路基填方及两线间填方,对于不能利用的弃渣,采用集中堆放处理,弃渣场做好防护排水和绿化处理。弃渣场上的卸渣路线应不小于两条,有前有后,有利弃渣。

(2)大宗材料的堆放场地和料库的布置。

大宗材料的存放地点应考虑材料运进工地方便,易于卸车,并靠近使用地点。

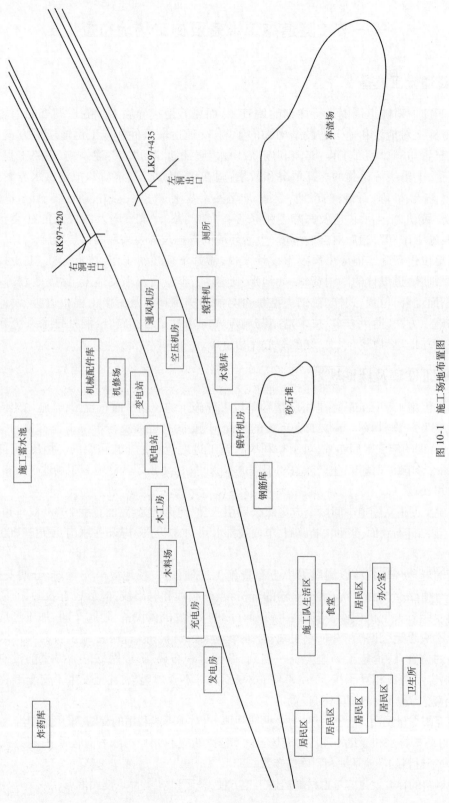

图 10-1 施工场地布置图

①砂石料堆放和水泥仓库均应和混凝土搅拌站布置在一起。
②木材仓库和木材加工场应布置在一起,并靠近道路。
③钢材仓库与钢筋加工场地应布置在一起,以便于加工和工程使用。
(3)生产房屋和生产设施的布置。
①蓄水池在山上的高度要能产生足够的压力差,以满足工作面用水的需要。
②搅拌机应尽量靠近洞口,靠近砂石料,且应有一定垂直高度,以便于装车运输。
③炸药和雷管要分别存放。其库房要选择离工地 300~400m 以外的隐蔽地点,并安装避雷装置。
④机械队场所的位置,要求便道可直达,用电用水要方便。
⑤发电机房不一定太靠近洞口而与其他房屋争场地。如采用外来高压电线输电,变电站应设在洞口附近。
⑥工地的临时道路应充分利用原有道路。工地的主干道一般呈环状布置,次要道路可布置成枝状,但应考虑回车的可能性。
⑦行政管理和生活福利设施,应方便生产、方便工人的生活。工地办公室和医疗室应靠近施工现场。行政管理办公室可位于工地出入口附近。生活福利设施要首先考虑利用永久性房屋,不足时则修建临时房屋。
(4)生活房屋的布置。
条件许可时,生活用房要与洞口保留一定距离,以保证工人和其他工作人员有一个安静的休息环境。但又不宜过远,同时要注意行动方便。整个生活区要适当集中,以便于学习和管理。要妥善考虑职工室外文体活动场地的布置。生活区要靠近水源,在水源四周 50m 以内不得设厕所、畜圈和垃圾坑等。生活区位置要特别注意防洪防水要求。
总的来说,每个隧道工地的自然条件是千变万化各不相同的。因此,在考虑隧道工地布置时,要因地制宜,对具体情况做具体分析。注意做好环境保护工作。

第二节 隧道施工安排及施工顺序

一、隧道施工安排

(1)隧道暗挖段采用新奥法施工:Ⅴ级围岩地段和Ⅳ级较差围岩地段采用单侧壁导坑法施工;Ⅳ级采用分部台阶法施工;Ⅱ、Ⅲ级围岩段采用全断面法施工。
(2)隧道明挖段采用明挖法施工:开挖前做好地表防排水系统,开挖从上向下进行,做到随开挖随防护,防止产生滑塌。然后先墙后拱,全断面施作模注钢筋混凝土并及时铺设好防水层和洞顶土石回填。
(3)出渣运输采用无轨运输方式,先运至路基需填筑处,再将多余渣弃至洞外指定的弃渣场内,并按设计及地方环保部门要求做好挡护工程。
(4)为保证工程质量,喷射混凝土采用湿喷技术,采用整体式液压钢模衬砌台车全断面衬砌,仰拱先行,及时闭合断面,以增强衬砌结构的承载能力。
(5)在进洞前,先施工管棚及护拱,在 φ150 管棚、超前小导管及护拱的保护下进行开挖。

二、隧道施工顺序

施工队伍进场后，马上进行设计图纸与实际情况的核对工作，并组织修筑施工便道，平整场地，修建临时生产、生活房屋及施工需要的临时设施，安装调试施工机械设备，组织材料进场，进行职工开工前技术岗位培训，为进洞做好准备。进洞前做好洞顶截水沟，开辟施工场地，为正洞施工排水、出渣、通风提供条件。

施工顺序安排：先从中间明挖段开挖，施作拱墙一次模筑钢筋混凝土衬砌，并回填土石；然后开始暗挖段开挖，从中间往两端开挖，施作初期支护，必要时施作超前支护，接着进行二次衬砌施作。施工中水沟、电缆沟紧跟衬砌，最后统一铺筑混凝土路面。

第三节 特殊条件下的隧道施工措施

由于地下地质情况复杂，地质勘探有很大的误差，所以在进行隧道设计施工时，要考虑到不良地质情况下的隧道施工方案。隧道通过特殊地质地段的施工方案应以"先治水、短开挖、弱爆破、强支护、早衬砌、勤检查、稳步前进"为指导原则。在进行设计施工前应对实地勘测所得到的工程地址和水文地质资料进行详细的分析了解，制定相应的专项施工方案，使工程达到安全、优质、高效的目的。下面主要介绍一些常见的不良地质情况下的隧道专项施工方案。

一、膨胀土围岩

膨胀土是指土中黏土矿物成分主要是由亲水矿物组成，同时具有吸水显著膨胀软化和失水收缩硬裂两种特性，且具有湿胀干缩往复变形的高塑性黏性土。隧道施工时遇到膨胀土围岩后，如果不采用特殊措施，经常会发生下列的几种情况：围岩裂缝，坑道下沉，围岩膨胀突出和坍塌，底膨、衬砌变形和破坏等。对膨胀土围岩进行施工的专项施工方案为：

(1) 加强调查、量测隧道围岩的压力和流变。在膨胀土地层中进行施工时，应对隧道围岩压力及其流变情况进行充分的调查和量测，分析其变形规律，指导具体施工方案的制定。

(2) 采用合理的施工方法。在隧道施工中，尽量减少对围岩产生的扰动和防止水的浸湿，一般宜采用无爆破掘进法，如采用掘进机、风镐、液压镐等进行开挖。开挖过程中，尽可能地缩短围岩暴露时间，及时衬砌，减少围岩膨胀变形。开挖方法宜不分部或者少分部，多采用正台阶法、侧壁导坑法和眼镜法。其中，正台阶法适用于跨度较小的隧道、侧壁导坑法和眼镜法适用于跨度较大的隧道。

(3) 防止围岩湿度变化。隧道开挖后，膨胀土围岩一旦风干脱水，都将引起围岩体积变化，产生胀缩效应，所以施工时应及时进行支护，施加防水排水措施，防止水对围岩的浸湿。

二、黄土

黄土是在干燥气候下形成的一种具有褐黄、灰黄或黄褐颜色的有针状大孔、垂直节理发育的特殊性土。黄土地层对隧道的施工影响也比较大，黄土中一般具有各个方向的构造节理，对隧道开挖稳定和安全危害较大，容易发生塌方或滑坡现象；黄土地区经常会出现黄土溶洞和陷穴，可能会造成隧道的基础下沉、冒顶或偏压等情况；并且水对黄土地质的影响很

大,黄土受水浸湿后承载能力大幅度下降,还可能发生湿陷下沉等问题,严重威胁隧道施工安全。黄土隧道的施工方法如下:

(1)黄土隧道施工前,应做好黄土中构造节理的产状与分部状况的调查。对因构造节理切割而形成的不稳定部位,在施工时加强支护措施,防止坍塌,以利于安全施工。

(2)施工中应遵循"短开挖、少扰动、强支护、实回填、严治水、勤量测"的施工原则,紧凑施工工序,精心组织施工。

(3)开挖方法宜采用短台阶法或分部开挖法(留核心土法),初期支护应紧跟开挖面施作。

(4)黄土隧道宜采用复合式衬砌,开挖后以喷射混凝土、锚杆、钢筋网和钢支撑作初期支护,以形成严密的支护体系。必要时,可采用超前锚杆、管棚支撑加固围岩。在初期支护基本稳定后,进行永久支护衬砌。衬砌背后回填要密实,尤其是拱顶回填。

(5)做好洞顶、洞门及洞口的防排水系统工程,并妥善处理好陷穴、裂缝,以免地面积水侵蚀洞体周围,造成土体坍塌。

三、溶洞

溶洞是以岩溶水的溶蚀作用为主,兼有潜蚀和机械塌陷作用而造成的基本水平方向延伸的通道。当隧道经过岩溶地区时,容易造成隧道的塌方,并且岩溶地区一般伴随着大量的地下水,对隧道的安全施工影响特别大。岩溶地段隧道常用的处理方法有"引、堵、越、绕"四种。

(1)引,遇到暗河或溶洞有水流时,宜排不宜堵。应在查明水源流向及其与隧道位置的关系后,用暗管、涵洞等设施宣泄水流或开凿泄水洞,将水排出洞外。当岩溶水流的位置在隧道顶部或高于隧道顶部时,应在适当距离处,开凿引水斜洞(或引水槽)将水位降低到隧底高程以下,再行引排。

(2)堵,对已停止发育、跨径较小、无水的溶洞,可根据其与隧道相交的位置及其充填情况,采用混凝土、浆砌片石或干砌片石予以回填封闭;或加深边墙基础,加固隧道底部。当隧道拱顶部有空溶洞时,可视溶洞的岩石破碎程度在溶洞顶部采用锚杆或喷锚网加固,必要时可考虑注浆加固并加设隧道护拱及拱顶回填进行处理。

(3)越,当隧道一侧遇到狭长而较深的溶洞,可加深该侧的边墙基础。隧道底部遇有较大溶洞并有流水时,可在隧道底部以下砌筑圬工支墙,支承隧道结构,并在支墙内套设涵管引排溶洞水。隧道边墙部位遇到较大、较深的溶洞,且不宜加深边墙基础时,可在边墙部位或隧道底部以下筑拱跨过。

(4)绕,在岩溶区施工,个别溶洞处理耗时且困难时,可采取迂回导坑绕过溶洞,继续进行隧道前方施工,并同时处理溶洞,以节省时间,加快施工进度。绕行开挖时,应防止洞壁失稳。

四、松散地层

松散地层结构比较松散,胶结性弱,稳定性差,隧道在该地层施工时极易发生坍塌。隧道通过这种地层时,应尽量减少对围岩的扰动,一般采取先护后挖、密闭支撑、边挖边封闭的施工原则,必要时还可以采用超前注浆改良地层和控制地下水的方法。隧道在这种地段常采用的一些施工方法有:超前支护、超前小导管预注浆、降水、堵水等。

五、岩爆

岩爆是指在高应力、脆性岩体中,由于施工爆破扰动原岩,岩体受到破坏,使掌子面附近的岩体突然释放出潜能,产生脆性破坏,这时围岩表面发生爆裂声,随之有大小不等的片状岩块弹射剥落出来。岩爆不仅直接威胁作业人员与施工设备的安全,而且严重影响施工进度,增加工程造价。

岩爆产生的前提条件取决于围岩的应力状态与围岩的岩性条件。在施工中,控制和改变这两个因素就可能防止或延缓岩爆的发生。因此,防治岩爆发生的措施主要有二:一是强化围岩、二是弱化围岩。

强化围岩的措施很多,如喷射混凝土或喷钢纤维混凝土、锚杆加固、喷锚支护、喷锚网联合钢支撑网喷联合,紧跟混凝土衬砌等。这些措施的出发点是给围岩一定的径向约束,使围岩的应力状态较快地从平面转向三维应力状态,以达到延缓或抑制岩爆发生的目的。

弱化围岩的主要措施是注水、超前预裂爆破、排孔法、切缝法等。注水的目的是改变岩石的物理力学性质,降低岩石的脆性和储存能量的能力。后三者的目的是解除能量,使能量向有利的方向转化和释放。

六、瓦斯地层

瓦斯是地下坑道内有害气体的总称,其成分以沼气为主。当隧道内的瓦斯浓度超过爆炸限度且与火源接触,就会引起爆炸,对隧道的施工带来很大的危害和损失。

当隧道穿过煤层、油页岩等岩层时,可能会遇到瓦斯。施工中防止瓦斯事故的措施为:

(1)隧道通过含瓦斯地层时,应预先确定瓦斯的探测方法,并制定瓦斯稀释措施、防爆措施和紧急救援措施等。

(2)隧道施工方法应选用全断面开挖方法,有利于排除瓦斯。

(3)隧道施工时必须加强通风,减小隧道内的瓦斯浓度。

(4)隧道施工时采用防爆设施,降低隧道内可能发生的爆炸造成的损失。

第四节 隧道施工进度安排

施工组织设计是指导施工生产的法规性文件,具有严肃性和法定性,在施工生产中具有不可替代的作用。施工前应有预见性地对施工生产的工期、质量和安全等进行详细的规划设计,以便为保证项目管理各个目标的顺利完成提供保障。本节以××隧道施工组织为例对如何进行施工组织设计进行描述。

一、工程概况

林长高速起点位于林州市横水镇,与建成的安林高速公路相接,终于豫晋两省交界处,与长安高速公路相接,全长 39.369km。中铁十五局集团承建的第五合同段起讫里程为 K28+400～K32+400,全长 4km。东起林州市任村镇东垴和西垴村之间山梁,西到尖庄村东侧,××隧道起讫里程为:左线 ZK29+906～ZK32+188,长 2282m,右线 YK29+891～YK32

+232,长 2341m。线路设计时速 80km,双向四车道,设计荷载为公路—Ⅰ级。隧道限界净宽:10.25m,限界净高:5.0m。隧道平面设置为"圆曲线—缓和曲线—直线—缓和曲线—圆曲线",左线坡率为 -0.7% 的单向坡;右线坡率为 -0.6%、-2.65% 的单向坡。根据设计资料,隧道经过区大断裂在右线 YK30+410、左线 ZK30+370 附近穿越隧道,断裂上盘地形倾斜,破碎带宽度为 6~10m,属地质构造复杂路段,隧道经过区岩石节理裂隙较发育,根据工程地质勘查结果,基岩中主要发育有两组高角度裂隙节理,第一组走向 210°~225°,倾角 70°~73°,裂隙宽度 1~5mm,常被石英脉等充填。石英砂岩中发育密度 2~3 条/m,但局部密集,第二组走向 310°~330°,倾角 80°~85°,该组裂隙大多闭合,部分微张开,宽度一般为 2~3mm,裂隙岩石表面粗糙,发育密度 3~5 条/m。在白云质灰岩中,第一组裂隙发育密度 3~5 条/m,第二组裂隙不发育,但局部存在不同程度的溶蚀现象。在斜坡临空面,由于长期的风化及重力卸荷作用,该两组裂隙往往张开,局部可达数十厘米,形成规模不等的崩塌体或危岩体,根据现场调查并结合有关工程经验,该两组裂隙将隧道岩体切割成大小不一的块体,对隧道围岩的稳定不利。

二、施工总体安排

1. 组织机构安排

为强化组织指挥和施工管理,中铁十五局集团成立"中铁十五局集团第二工程有限公司林长高速第 5 合同段项目经理部",下设六部二室,即工程部、安保部、质检部、物资部、试验室、财务部、合同部、综合办。项目部下设两个隧道队、两个混凝土拌合站。其中,隧道一队负责××隧道进口的施工,隧道二队负责××隧道出口的施工,拌合站负责隧道混凝土的供应。施工组织机构见图 10-2。

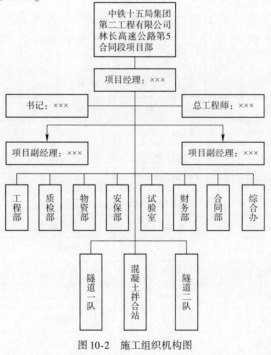

图 10-2 施工组织机构图

2. 施工准备

(1)建立测量控制系统:配备全站仪、经纬仪、水准仪等精密测量设备,根据设计图纸要求的精度,对设计成果进行接桩复测,布设导线。根据施工需要加密导线点、水准点控制网。测量仪器、用具表见表10-1。

拟投入的测量仪器　　　　　　　　　　　　　　　　表10-1

序号	仪器名称	型号	单位	数量
1	水准仪	苏一光DSZ—2	架	4
2	全站仪	宾得R—422NM	架	1
3	全站仪	中伟ZTS—602LR	架	1
4	地质雷达		台	4
5	瓦斯检测设备		台	2
6	收敛计		台	4
7	超前地质预报探测系统		套	1

(2)现场补充调查:为编制实施性施工组织设计收集资料,对现场的水文地质、气象气候、地形地貌、材料供应、民风民俗、道路交通、水电供应、通信、可利用房屋等方面进行充分的调查。并详细调查红线内的各种地下电缆线路,在施工中采取保护措施。

(3)设计技术交底:组织技术人员对施工图进行认真会审,参加业主主持的设计技术交底,进一步了解设计意图,并提出图纸审核中发现的问题,请求予答复和解决。

(4)建立项目工程试验室:配齐各种试验检测设备,经国家认可的技术监督、计量部门标定后,取得河南省交通运输厅质监部门的临时资质。在监理工程师认可及监督下进行原材料试验、配合比设计及其他试验工作,为施工做好准备。试验室分土工室、测力室、水泥室、集料室、化学室、标养室、收样室、办公室,建筑面积不少于200m²。拟投入试验仪器设备表见表10-2。

拟投入试验仪器设备表　　　　　　　　　　　　　　表10-2

序号	仪器名称	型号规格	生产厂家	单位	数量
1	万能材料试验机1000kN	WE—1000B	绍兴肯特	台	1
2	压力机300kN	NYL—300A	无锡建筑	台	1
3	压力机2000kN	YES—2000	浙江松英	台	1
4	钢筋打点机	40点	天津建仪	台	1
5	混凝土维勃稠度仪	HCY—A	北京路达	台	1
6	水泥细度负压筛	SF—150	无锡建材	台	1
7	水泥比表面积测定仪	FBT—5	上海宜昌	台	1
8	雷氏沸煮箱	FZ—31	天津庆达	台	1
9	雷氏夹测定仪	LD—150	上海申锐	台	1
10	水泥细度负压筛	SF—150	无锡建材	台	1

续上表

序号	仪器名称	型号规格	生产厂家	单位	数量
11	水泥稠度凝结测定仪	—	上海路达	台	1
12	水泥胶砂流动度测定仪	NLD—3	无锡建仪	台	1
13	水泥胶砂试模	(40×40×160)mm	无锡华南	台	1
14	标准养护箱	YH—40B	天津庆达	台	1
15	水泥电动抗析机	KZJ—5000	沈阳天宏	台	1
16	鼓风干燥箱	101—Ⅱ	北京路达	台	1

（5）编制实施性施工组织设计：项目总工组织项目部技术人员对施工现场调查研究的基础上，认真阅读技术资料、图纸和相关的施工技术规范、验收标准、招标文件等，编制详细的《实施性施工组织设计》，并对施工队技术及管理人员进行技术交底。

3. 隧道施工所需设备

隧道施工所需设备见表 10-3。

隧道施工所需设备　　　　　　　表 10-3

序号	设备名称	型号规格	数量	厂家
1	水平钻机	—	4 台	
2	锚杆机	—	4 台	
3	凿岩机	—	60 台	
4	多臂凿岩台车	三臂	4 台	
5	穿行式模板衬砌台车	9m	8 台	
6	管棚钻机	—	4 台	
7	混凝土喷射设备	$5m^2/h$	4 套	
8	空压机	$200m^3$	6 台	
9	注浆机	2MPa	6 台	
10	发电机	200kW	3 台	
11	轴流式通风机	110kW	6 台	

4. 施工进度计划

（1）施工进度指标：Ⅲ级围岩：180m/月；Ⅳ级围岩：90m/月；Ⅴ级围岩：60m/月。

（2）工期安排：该隧道计划于 2010 年 3 月 20 日开工，2011 年 10 月 20 日完工，计划工期 19 个月。

（3）××隧道施工进度计划见图 10-3。

5. 施工方案

该隧道围岩分为Ⅲ、Ⅳ、Ⅴ三个级别。Ⅲ级围岩采用全断面光面爆破法；初期支护主要以锚喷支护为主，系统锚杆采用 $\phi22$ 砂浆锚杆，喷射 C20 混凝土，厚度 10~15cm。喷射混凝土全部采用湿喷法。Ⅳ级围岩采用上下台阶法开挖，初期支护主要由工字钢钢架或格栅钢拱架、C20喷射混凝土、系统锚杆和钢筋网组成,系统锚杆采用D25中空注浆锚杆。Ⅴ级围岩采用上下台阶预留核心土法开挖,初期支护主要由工字钢钢架或格栅钢拱架、C20喷射混凝土、系统锚杆和钢筋网组成,系统锚杆采用D25中空注浆锚杆。超前支护采用超前小导管、超前锚杆两种形式。

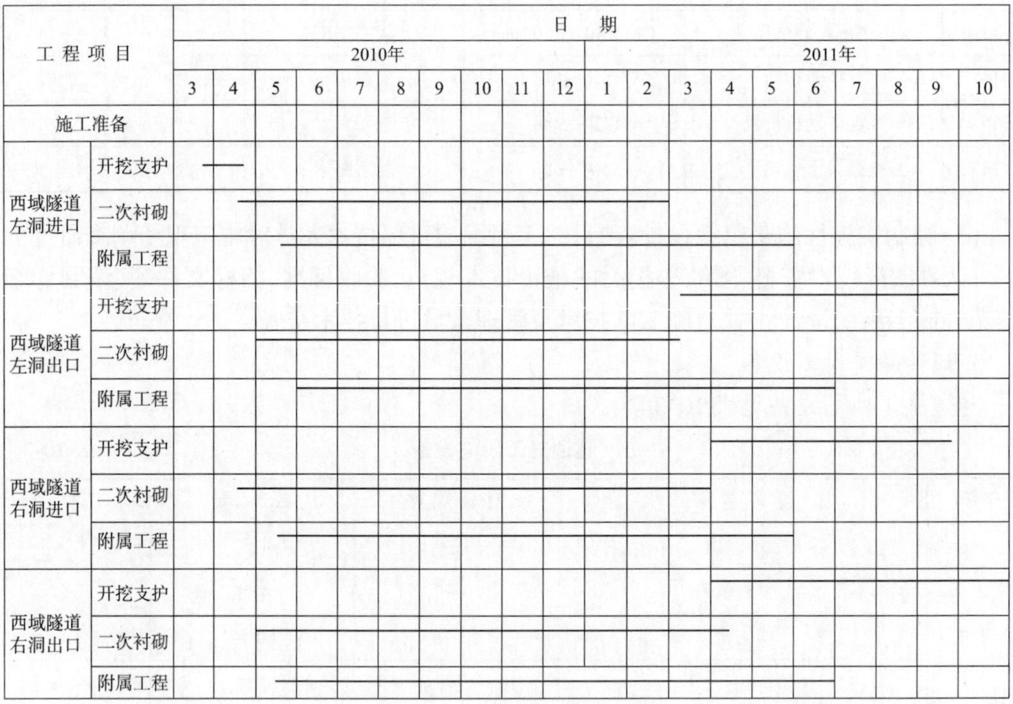

工程项目		日期																		
		2010年										2011年								
		3	4	5	6	7	8	9	10	11	12	1	2	3	4	5	6	7	8	9	10
施工准备																					
西域隧道左洞进口	开挖支护																				
	二次衬砌																				
	附属工程																				
西域隧道左洞出口	开挖支护																				
	二次衬砌																				
	附属工程																				
西域隧道右洞进口	开挖支护																				
	二次衬砌																				
	附属工程																				
西域隧道右洞出口	开挖支护																				
	二次衬砌																				
	附属工程																				

图10-3 ××隧道施工横道图

洞口施工方法:进洞前,先进行严密的控制测量,对洞口进行精确放样,确保建筑尺寸的准确。边仰坡施工时,尽量维持原地貌,尽可能减少洞口段植被破坏。进洞前做好洞门及洞口附近的排水、截水设施,并与路堑排水系统连通,以免地表水冲刷坡面。洞门构造、洞门墙尺寸以及基础埋深和圬工砌筑的允许偏差要符合设计要求。隧道开挖前应进行测量放样,确保开挖位置尺寸准确,开挖时人工配合挖掘机开挖,基底以上30cm人工开挖,确保不扰动基岩。端墙混凝土浇筑必须保证位置准确,墙面坡平顺,浇筑混凝土时杜绝跑模。

洞身各类围岩段的施工:

(1)Ⅲ级围岩采用全断面光面爆破法;施工步骤:测量开挖轮廓线—钻爆作业—出渣—初喷混凝土—施工锚杆—复喷混凝土—二次衬砌。

(2)Ⅳ级围岩采用上下台阶法开挖,施工步骤:测量开挖轮廓线—钻爆作业—出渣—初喷混凝土—格栅钢架—施工锚杆(砂浆锚杆或D25中空注浆锚杆)—挂钢筋网—复喷混凝土—二次衬砌。

(3)Ⅴ级围岩采用上下台阶预留核心土法开挖,施工步骤:超前支护(超前小导管或超前锚杆)—测量开挖轮廓线—钻爆作业—出渣—初喷混凝土—格栅钢架—施工锚杆(砂浆锚杆或D25中空注浆锚杆)—挂钢筋网—复喷混凝土—二次衬砌。

断层破碎带的施工:断层破碎带采用超前小导管注浆(图10-4),使松散破碎体胶结、胶化,形成具有一定强度和抗渗阻水能力的以浆胶为骨架的固结体,从而提高围岩的整体性、抗渗性和稳定性;使超前小管棚与固结体形成一个具有一定强度的壳体,在壳体的保护下进行开挖支护施工。断层破碎带施工要弱爆破、短进尺、强支护,尽量减少对围岩的扰动,爆破后尽快初喷混凝土,减少围岩的暴露时间。施工方法同Ⅴ级围岩施工。

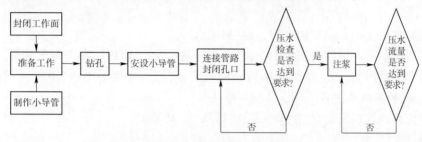

图 10-4 超前小导管施工流程图

6. 爆破设计

钻爆法施工流程、爆破工艺详细流程,如图 10-5、图 10-6 所示。

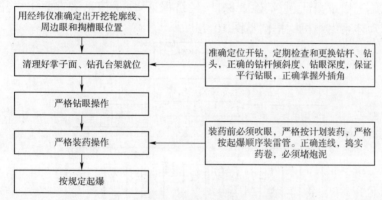

图 10-5 钻爆法施工流程图

工艺流程	放样布眼	→	定位开眼	→	钻眼	清孔
注意事项	用红油漆准确绘出开挖面轮廓线及炮眼位置		正确钻孔,注意掏槽眼倾斜度,周边眼外插角		钻孔按炮眼孔位,熟练操作专人检查指导及时调整深度和角度	采用炮钩及小直径高压风管清炮孔
技术措施	误差不得超过5cm		开眼误差在3~5cm		周边外插角<2 交界处台阶<1	不漏渣,不留石屑
→	装药	→	联起爆网络	→	瞎炮处理	检查
	分片分组按药量自上而下进行雷管对号入座,炮泥堵口		导爆管不能打结和拉细,注意连接次数,专人检查		查明原因,迅速果断按规定处理	炮眼痕迹保存率>规范要求,围岩粉碎,炮眼利用率
	堵塞长度>20cm		引爆雷管距一镞导爆管自由端>10cm		以确保安全为标准	

图 10-6 爆破工艺详细流程

三、质量保证措施及质量管理体系

1. 质量标准

(1)隧道开挖爆破采用光面爆破,硬岩地段炮眼残留率达到80%以上,中硬岩地段达到60%以上。

(2)隧道初期支护采用喷锚支护,及早封闭成环。

(3)隧道混凝土采用拌合站集中拌和,电脑控制系统自动计量;衬砌台车衬砌。

(4)隧道衬砌内实外光,结构轮廓线条顺直美观,衬砌混凝土不渗、不漏、不裂;岩溶处理、径向注浆、超前帷幕注浆符合设计和规范要求。

(5)洞内外排水系统配套,排水畅通,无堵塞、淤积现象。

2. 质量保证体系

项目经理部根据质量保证体系管理模式,建立健全以项目经理为第一责任人的工程质量管理领导小组,建立项目经理部、施工队、工班三级质量管理体系。从组织保证、思想保证、制度保证、施工质量保证、质量检查保证、经济保证、质量信息诸方面建立完善质量保证体系。质量管理体系组织机构框图见图10-7。

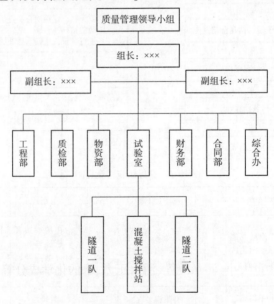

图 10-7 质量管理体系组织机构框图

第五节 隧道施工监控量测方案

根据《公路隧道施工技术规范》(JTG F60—2009)可知,隧道施工监控量测的一般规定为:复合式衬砌和喷锚衬砌隧道施工前,应制定施工全过程监控量测方案;监控量测工作应结合开挖支护作业的进程,按要求进行布点、监测,并根据现场实际情况进行补充,量测数据应该及时进行分析、处理和反馈。通过对隧道进行的监控量测,可以实现以下目的:

(1)通过监测隧道的围岩变形状态、承载体系的受力状态及观测围岩地质状态,预见周边环境受影响程度及可能发生的围岩失稳,以便采取措施,防患于未然,为判断隧道空间的稳定性提供可靠的依据,确保施工安全。

(2)通过对隧道围岩动态的监控量测,掌握围岩动态和支护结构的工作状态,利用量测结果调整设计支护参数,实现隧道信息化动态施工控制,达到既能提高工程质量,又能节省工程造价的目的。

(3)根据监测的洞室变位速度判断隧道围岩稳定程度,并为二次衬砌提供合理的支护时机,指导施工。

(4)通过对隧道监控量测,分析区域性岩土变形特征及支护方式,积累资料,为类似工程的设计与施工提供类比依据,并积累宝贵的经验。

为了达到以上的监控量测目的,监控量测工作将贯穿隧道施工的全过程,使隧道的设计和施工纳入动态的科学管理中。隧道施工监控量测方案的制定必须统筹全面,从而使监测更加全面、可靠。隧道监控量测的内容包括:

①必测项目:洞内外观察(地层及支护情况观测),周边位移量测(净空水平收敛量测、拱顶沉降量测及地表下沉量测)。

②选测项目:锚杆轴力监测,围岩与初期支护、初期支护与二次衬砌接触压力量测,临时中隔墙钢支撑应力量测。

一、洞内外观察

核实详勘报告所描述的地质条件和围岩类别,为判断围岩、隧道的稳定性提供地质依据。根据喷层表面状态及锚杆的工作状态,分析支护结构的可靠程度。

1. 观察内容

(1)在开挖无支护段:

①岩石的种类和产状。

②岩性特征:岩石的颜色、成分、结构、构造。

③地层时代归属及产状。

④节理性质、组数、间距、规模,节理裂隙的发育程度和方向性,断面状态特征,充填物的类型和产状等。

⑤地下水类型,涌水量大小、涌水位置、涌水压力、水的化学成分等。

⑥开挖工作面的稳定状态。

(2)在开挖后支护段:

①初期支护完成后对喷层表面的观察以及裂缝状况的描述和记录。

②有无锚杆被拉坏或垫板陷入围岩内部的现象。

③喷射混凝土是否产生裂隙或剥离,要特别注意喷射混凝土是否发生剪切破坏。

④有无锚杆和喷射混凝土施工质量问题。

⑤钢拱架有无被压曲现象。

⑥是否有底鼓现象。

2. 观察围岩破坏形态分析

(1)危险性小,不会发生急剧破坏。如加临时支护之后即可稳定的情况。

(2)应当引起注意的破坏。如拱顶混凝土喷层因受弯曲压缩的影响而出现的裂隙。

(3)危险征兆的破坏。如拱顶混凝土喷层出现有对称性局部的崩落、侧墙内移等。

3.观测的工具

主要有:直尺、游标卡尺、裂缝观测仪、数码相机或数码摄录仪等。

4.观测频率和时间

频率:爆破频率。

时间:开挖及初期支护后进行。

二、隧道净空收敛监测

1.测点布置

根据规范和隧道施工设计图要求,再结合以往地下工程施工监控量测经验,收敛监控测点需注意:

(1)测点应埋设在同一垂直断面内。

(2)B、C应埋设在同一水平线上,D、E设在同一水平线。

断面施工净空变化监控的断面布置示意图如图10-8所示。

2.监测仪器

采用收敛计进行量测。

3.监测频率

周边收敛监控频率见表10-4、表10-5。

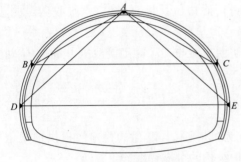

图10-8 隧道净空变化监控测点布置图

净空变化监控的频率(位移速度) 表10-4

位移速度(mm/d)	监控频率
≥5	2次/d
1~5	1次/d
0.5~1	1次/(2~3)d
0.2~0.5	1次/3d
<0.2	1次/7d

净空变化监控的监控频率(距开挖面距离) 表10-5

监控断面距开挖面距离(m)	监控频率
<1B	2次/d
1~2B	1次/d
2~5B	1次/(2~3)d
>5B	1次/7d

注:B为隧道实际开挖宽度。

4. 监测精度及监测预警

衬砌净空收敛量测监测精度要求为 0.06mm。每天的最大变形速率控制在 2mm/d 之内，累计变形控制在 20mm 之下。

三、隧道拱顶沉降监测

1. 测点布置原则

在隧道开挖毛洞的拱顶设置测点。测点用冲击钻在拱顶的中心线上钻孔，放入直径 8mm、长 50mm 的半圆头钢筋或弯曲的膨胀螺栓，四周用水泥砂浆填实牢固。

拱顶下沉的量测断面同样需要尽可能靠近掌子面，一般在 2m 的范围内，并应保证爆破后 24h 内或下一次爆破前测读初次读数。

2. 监测方法及监测仪器

拱顶沉降监测仪器为精密全站仪、水准仪、铟钢尺或测杆。

3. 监测频率

拱顶下沉观测频率如表 10-6 所示。

拱顶下沉观测频率表　　　　　　　　　　　　表 10-6

测试断面布置	量测间隔时间			
	1~15d	16d~1月	1月~3月	>3个月
每10~20m一个断面，每断面3个测点	1~2次/d	1次/2d	1~2次/周	1~3次/月

备注：当水平收敛位移速度为 0.1~0.2mm/d 时，可以认为围岩基本稳定，此时可以停止观测。

4. 监测精度及监测预警

拱顶沉降量测监测精度要求为 0.1mm。每天的最大变形速率控制在 3mm/d 之内，累计变形控制在 30mm 之下。

四、隧道地表沉降监测

隧道施工时，应进行隧道地表沉降监测，保持隧道沉降在允许范围内，一旦隧道地表沉降过大，就要对隧道支护进行加强处理。隧道地表监测测点布置要求：在与隧道中线垂直的横断面上布置监控量测测点，间距 2~5m，在一个断面上布置 7~11 个点，靠近中线位置测点适当加密，量测范围为中线两侧不小于 $H_0 + B$（其中 H_0 为拱顶至隧道地表的高度、B 为隧道开挖宽度），明挖段量测范围为基坑开挖边线两侧不小于 3 倍开挖深度，地表测点间距表如表 10-7 所示，水平测点布置示意图如图 10-9 所示。

地表测点间距表　　　　　　　　　　　　表 10-7

隧道埋深与开挖宽度、高度	纵向测点间距(m)
$2B < H_0 \leq 2(B+H)$	15~30
$B < H_0 \leq 2B$	10~15
$H_0 \leq B$	5~10

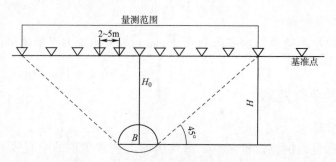

图 10-9　地表测点布置示意图

隧道地表量测时应着重加强浅埋、偏压段隧道地表下沉量测。浅埋段地表下沉量测断面布置宜与拱顶下沉量测及水平净空变化量测在同一量测断面内,地表下沉量测应在开挖面前方隧道埋置深度与隧道开挖高度之和处开始,直到衬砌结构封闭、下沉基本停止为止。地表下沉量测频率和拱顶下沉及净空水平收敛的量测频率相同。

五、隧道选测项目监测

选测项目应结合本隧道围岩性质、开挖方式有选择地进行;围岩压力、支护及衬砌应变等项目的量测频率开始时应与同一断面的变形量测频率相同,当量测值变化不大时可适当降低量测频率。

第十一章　山岭隧道环境保护设计

隧道是山区公路所特有的一种地下构造物,在环境保护方面除遵循一般公路设计所确定的"以防为主、治为辅、防治结合"设计原则外,还应针对山区公路自然条件差、生态环境脆弱的特点,结合地质、水文、气象、地震等情况,考虑施工和营运环境,对隧道总体设计进行多方面的论证,以主动的姿态保护区域自然环境,追求人与自然的和谐。隧道设计中应考虑隧道在施工期和运营期对生态环境、环境空气和环境噪声等方面的环境影响问题。

第一节　隧道施工期间的环境保护

(1)在不稳定坡体中,隧道洞口施工不宜直接劈坡进洞,宜采用保护山坡、先修接长明洞再修洞门,然后采用在明洞内暗洞施工、小型爆破进洞的环保施工。
(2)采取切实可行的措施,降低隧道施工过程中产生的粉尘、噪声和空气振动对人体的危害。
(3)采取处治措施,避免隧道施工过程中排放的废水、注浆加固围岩所漏失的有害浆液等直接排放,污染当地水体。具体措施如下所述:
①施工时隧道洞内涌水量的出水点采用截水管直接排出洞外并加以利用,避免沿洞内水沟与污水混合后排出。
②利用洞外自然沟整地形,设置专门的污水处理设施。经处理后的水质,应符合接纳水体的排放标准。
③隧道工程材料选用中应注意避免使用对环境有危害的材料。
(4)采取适当的措施,降低施工噪声:
①隧道施工时在洞内对施工机械,应加设隔音罩、隔音墙等设施。
②在爆破方面规定放炮时间,增设隔音门。
③采取特殊爆破方式,同时进行周密的爆破管理。
(5)当隧道通过对振动有严格要求的结构物或地区时,用采取低振动的爆破方法,必要时可采取掘进机械施工,以减小振动。
(6)隧道施工开挖容易引起植被破坏,施工组织设计中必须采取有效措施予以保护。
①隧道设计和施工人员应了解当地珍贵物种的分布,以便遇到这类物种时可及时主动采取保护措施。
②施工便道、施工工棚及作业场地应尽量顺应地形布设,保护植被,少占耕地、果园,多利用荒坡、荒地、滩涂等荒芜土地。
③隧道主洞及辅助坑道洞口应尽量减少开挖面,对必须开挖坡面应采用适宜的植被绿化。
④隧道工程竣工后应修整、恢复受到破坏的植被。

第二节 隧道运营阶段环境保护

一、烟尘污染防治

在环境比较敏感的地段,可考虑在隧道内设置静电除尘装置,避免烟尘扩散到洞外。隧道内车行过程中柴油车产生一些烟尘,各种机动车还会将路面上的灰尘带到空气中,这些尘粒对隧道两个洞口附近的植物是有害的,因为植被的叶子多被灰尘覆盖。若隧道洞口位于居民区附近,则会严重影响人们的正常生活。

二、尾气污染防治

应采用通风换气法稀释隧道内有害气体成分浓度。隧道空间狭窄,洞内行驶的机动车辆排放的尾气中的碳化物、氮化物、硫化物等有害气体会影响驾乘人员和检修人员的健康。

三、噪声污染防治

(1)加强道路路面管理,经常整修路面,保持路面平整。
(2)加强车辆交通管理,限制车辆鸣笛。
(3)对噪声超标的路段,应采取设置公路防噪声屏障。
(4)对洞内噪声较大的设备,应采用静音或消音技术。
(5)隧道内壁装修采用吸音材料。

四、污水污染防治

对于隧道的日常清洗污水和隧道内发生火灾或污染物泄漏事故后的消防清洗污水,应进行处理后再排放到自然环境中去。

应采取有效措施处治隧道弃渣。双车道隧道每公里隧道开挖产生的洞渣通常接近10万 m^3,除部分隧道弃渣被路线填方合理利用外,大部分需废弃。由于隧道弃渣通常为各种岩石碎块或风化岩石与泥土的混合物,无法作为可耕植土重新利用,如果随意倾倒,会侵占耕地或引发新的水土流失现象。

(1)优化路线平纵面线形,尽量做到填挖基本平衡、减少隧道废渣数量。隧道废渣一方面可作为路基填方加以利用;另一方面隧道废渣中的硬质岩石经破碎后,可用作路基或路面材料。若隧道废渣无法利用,应尽量利用施工便道运至指定地点弃渣。

(2)合理选择弃渣场,在指定地点集中倾倒隧道废渣。弃渣场宜选择荒坡地、凹地,不侵占耕地、河道、沟谷,且不改变弃渣场原有地形、地貌和水文地质状况,以防止破坏耕地、地表植被和阻断地表径流;弃渣体积不得超出弃渣场的设计容量,超出时应另外选择弃渣场。

(3)为防止雨水冲刷造成水土流失,应加强弃渣场排水设计。弃渣场形状应适应地形,自然灵活,当利用荒坡弃渣时,弃渣后形成的高填方边坡的坡度不应大于1:1.5,并且应设置坡脚挡土墙,以防地表径流冲刷和减少弃渣场占地面积;弃渣后形成的高填方边坡应进行表面防护,如种植表面植被等。利用凹地弃渣后形成坡面应与周围地形协调一致,并进行植被或回填复耕处理。

第十二章　其他内容编写要点

第一节　毕业设计说明书其他内容

学生在进行毕业设计时，除了要完成毕业设计说明书，还应该完成设计图纸、外文翻译和文献综述的工作。

设计图纸是毕业设计在图纸上的表现，它比设计计算书更加直观，可以让别人更加容易地了解设计内容。毕业设计的设计图纸的绘制主要通过手绘和 CAD 绘图两种方式，其中主要通过 CAD 进行绘制，因为 CAD 绘图可以更加准确地完成设计图的绘制，更加方便便捷。毕业设计中的设计图主要包括隧道平纵面设计图、洞门设计图、配筋设计图、通风设计图、防排水设计图等。隧道设计图必须包括 CAD 图纸和手绘图两种，其中 CAD 图纸必须包括以上各个设计图纸，而手绘图必须在三张以上，可以与 CAD 图纸相重复。

外文翻译是学生针对毕业设计选题，查阅并翻译一篇适合的外文文献。其目的是使学生拓展视野，了解国外相关研究、应用与发展情况，提高学生的外文科技文献的阅读理解与翻译能力。其规范要求如下：

(1) 外文文献应在指导教师指导下选择，须与毕业设计选题紧密相关，外文文献应是反映该领域新发展（近 1 年）的期刊文章、专业书籍或网站资料等，作者应为英语国家。

(2) 外文翻译应在指导教师指导下，学生在毕业设计前 3 周内独立完成，译文不少于 2000 个汉字。

(3) 译文准确、严谨、忠实原文内容，应遵循"能直译直译，不能直译意译"的原则，避免"英化汉语"。

文献综述是学生以毕业设计题目为背景，选择某个专题进行论述。其目的是使学生扩展自己的思维，对自己的设计具有更深刻的理解，对隧道工程的发展现状有一定的了解，从而真正达到毕业设计的要求。其要求如下：文献综述的总字数不少于 5000 字，并且应图文并茂。参考文献要求不少于 20 篇，其中外文文献不少于 1/3，所选取文献应是近些年的优秀文献，能反映隧道工程发展的现状和隧道工程的新技术，所选取的文献应具有一定的权威性、真实性，这样对毕业设计研究才会更有帮助，从而丰富自己的知识。

第二节　毕业实习及报告撰写

土木工程专业是一实践性很强的行业，对于土木工程的学习，不仅要注意知识的积累，更应该实践能力的培养。所以毕业实习对土木工程专业学生来说又是一门重要的课程，这跟在学校学习不同,通过进行现场实习,可以更深刻地对隧道的结构设计和施工进行了解,使自己在学校所学知识与实践相结合;通过理论联系实际,用实践验证巩固所学知识,并增加对隧道的感性认识;通过亲身参与,培养自主发现问题的能力、自主解决问题的能力;通过观察和亲自操作,更好地印证所学知识,并且了解设计过程中和施工过程中应该注意的细节问题;了解我国目前施工的工艺和水平,为以后的学习和工作打下基础;与工人和基层生产干部密切接触,学习他们的优秀品质和先进事迹。

参加毕业实习并撰写实习报告是每个学生都要经历的环节。报告是对该阶段进行总结与说明的书面材料,是反映学生毕业实习完成情况的一个主要内容,也是对毕业生的又一次培养和训练。毕业实习报告可以大致反映学生能否运用3年所学得的基础知识来分析和解决本专业领域内某一基本问题的技术水平和能力。其选题一般不宜过大,内容不宜太复杂,要求能够较好地结合企业实际情况,分析或解决专业领域中的某一具体问题。毕业实习报告写作过程是更生动、更切实、更深入地专业知识的学习。在报告写作程中,可以结合实习课题将所学专业知识和技能运用于实际,在理论和实际结合过程中进一步消化、加深和巩固所学的专业知识,并将其转化为分析和解决问题的能力。在搜集材料、调查研究、接触实际的过程中,既可以印证学过的书本知识,又可以学到许多课堂上和书本里学不到的活生生的新知识。毕业实习报告写作不是单一地应用某一专业课程所学的知识和能力,而是综合应用所学各科知识和能力对某一问题进行探讨和研究。若平时学习习惯于死记硬背、缺乏能力的培养、缺少动手动笔和实际操作的能力,在写作过程中问题就都会暴露出来。通过报告的写作,可使学生发现自己的长处和短处,以便有针对性地克服缺点。在写作中,应克服不以实践和研究为基础的错误倾向;切忌东抄西拼,改头换面,剽窃别人成果。必须端正文风和学风,诚信治学。

毕业实习报告写作应遵循如下原则:
(1)观点明确、结论科学。
(2)具有一定的独创性。
(3)研究方法正确。
(4)忠实、客观,数据完整可靠。
(5)层次分明,推理严谨,立论正确。
(6)遵照规范、符合惯例。
(7)文字简练、说明透彻。
(8)理论联系实际。

正文中涉及的图表、插图、公式、符号、参考文献、计量单位等都要符合有关国家标准的要求。

第三节 毕业设计答辩及评分

一、毕业设计答辩

在进行毕业设计答辩前,相应学院应组织指导教师认真做好毕业答辩资格审查,学生获得毕业答辩资格应满足大学本科毕业论文(设计)答辩资格审查表中的相关要求,指导教师应结合学生平时表现、论文成果、论文检测与盲审结果,对不符合答辩要求的,应要求学生及时整改,整改后仍未达到要求的,取消学生毕业答辩资格。学院根据专业特点和学生人数设立答辩小组,每个答辩小组教师人数不少于3人(不包括答辩秘书),答辩分组时应实行指导教师回避制度,指导教师不参与指导学生答辩。在安排答辩场地时,应妥善布置答辩环境,提供必要的设施,营造良好的答辩氛围。

学生应提前做好答辩准备,必须制作答辩PPT。每个学生的答辩时间一般不少于10min,其中汇报时间不少于5min。无故未参加毕业答辩的,取消毕业答辩资格,毕业论文(设计)总成绩认定为不及格。答辩小组在评定学生毕业答辩成绩时,应根据学生的任务完成情况,答辩的形式、内容、难度、汇报讲解、回答问题等情况综合评价。答辩秘书应完整记录答辩情况。学生在进行答辩前,应提前准备好自己的答辩材料,做好答辩准备,对毕业设计中涉及的问题做好准备,保证自己能顺畅地完成答辩。

二、毕业设计评分

毕业论文(设计)的成绩由"指导评阅成绩""交叉评阅成绩""答辩成绩"三部分组成,三项成绩均按百分制给出,分别由指导教师、交叉评阅老师、答辩小组给出成绩及评语。学生总成绩中"指导评阅成绩"占40%,"交叉评阅成绩"占20%,"答辩成绩"占40%,若三项成绩中任有一项成绩低于60分,学生的总成绩认定为不及格。

学生的毕业论文(设计)总成绩对应换算成优秀、良好、中等、及格、不及格,按照五级制记载。各专业总成绩优良率不超过50%。学院须根据《毕业设计评分标准》,结合专业特点和要求制定学院或专业评分标准,教师须及时登录"毕业设计管理系统"完成评阅和交叉评阅,指导教师评阅应在交叉评阅之前,成绩评定表的内容和格式要求见表12-1。

第四节 毕业设计文档提交

毕业设计文档主要包括毕业设计说明书;相关材料(图表);学生成绩总表(系统导出、教师审核、学院盖章);毕业设计答辩记录表。其中最重要的是毕业设计说明书。设计说明书是本科毕业设计工作的全面总结,也是毕业答辩的重要材料。毕业设计说明书应全面、系统地反映毕业设计工作内容,突出研究成果、特色与创新性,应论据翔实、论证严密、语言准确、表达简明,符合相关行业规范要求和标准。

在完成毕业设计答辩后,应根据答辩指导老师的建议,再次对自己的毕业设计进行修改,对已修改完善的毕业设计文档按照学校的有关规定进行提交,从而完整地结束毕业设计工作。

成绩评定表内容和格式

表 12-1

过程	90~100分(优秀)	80~89分(良好)	70~79分(中等)	60~69分(及格)	60分以下(不及格)
毕业设计	毕业设计期间态度认真,勤于思考,工作主动性强,能按期高质量完成任务书规定的任务,综合质量高,能熟练地综合运用所学理论和专业知识,立论正确,计算、分析、实验成立,计算合理,结论严密,结论合理,有独立工作能力较强,有独到见解,科学作风严谨; 说明书条理清楚,文字通顺,符合技术用语要求,符号统一,编写工整,设计图纸完备,整洁,正确	毕业设计期间态度认真,工作主动性较强,能按期完成任务书规定的任务,按时完成各阶段任务,质量较高,能较好地综合运用所学理论和专业知识,立论正确,计算、分析、实验成立,立论正确,结论合理,有一定的独立工作能力,有自己的见解,工作作风良好; 说明书条理清楚,文字通顺,符合技术用语要求,符号统一,编写工整,书写工整,设计图纸完备,整洁,正确	毕业设计期间态度较好,有一定主动性,能按期完成任务书规定的任务; 能完成各阶段任务,质量一般,能运用所学理论和专业知识基本内容,计算、分析基本正确;有一定分析能力; 说明书文理通顺,但论述有个别错误,书写不够工整,基本符合要求,图纸质量一般,有小的缺陷,水平一般	毕业设计期间工作态度一般,在指导教师帮助下,能按期完成任务; 基本完成各阶段任务,独立工作能力较差,有一些小的疏忽和遗漏,在运用理论和专业知识中,没有大的原则性错误,论据基本成立,计算、分析、实验基本正确; 说明书文理通顺,但论述不够恰当和清晰,文字、符号有个别错误,图纸质量不高,符号不统一,不符合工整,有个别明显错误	毕业设计期间工作态度差,未按期完成任务书规定的任务; 基本概念和基本技能未掌握,在运用理论和专业知识中出现不应有的原则错误;在实验等工作中独立工作能力差,未达到最基本要求; 说明书文理不通,质量很差,图纸不全,或有原则性错误
毕业答辩	说明书质量高,答辩时,准备充分,介绍研究情况详细准确,思路清晰,论点清楚,论据充分,基本要领清楚,正确地回答主要问题,基本理论根据,对主要问题回答正确深入	说明书质量较高,答辩时,准备较充分,介绍研究情况比较完备,思路清晰,论点基本正确,能正确地回答基本主要问题	说明书质量基本符合要求,答辩时,介绍研究情况,对主要问题的回答基本正确,但分析不够深入	说明书质量基本符合要求,答辩时,主要问题能答出,或经启发后才能回答出,回答问题较肤浅	说明书质量差,答辩时,简述不清主要内容,基本概念模糊,对主要问题回答错误,或回答不出

附录 A 常用计算参考数据

岩石的承载力 σ(kPa)　　　　　　　　　　　　　　　　　　附表 A-1

岩石名称	岩石破碎程度		
	碎石状	碎块状	大块状
坚硬岩	2000~2500	3000~3500	>5000
较坚硬岩	1500~1800	2000~2500	3000~3500
较软岩	1000~1200	1500~1800	2000~2500
软岩	800~1000	1000~1200	1500~1800
极软岩	400~800	600~1000	800~1200

各类石材物理力学指标表　　　　　　　　　　　　　　　　　　附表 A-2

石料种类	重度 (kN/m³)	强度(MPa)			弹性模量 (GPa)	膨胀系数 ($\times 10^{-6}$/℃)	导热系数 [W/(m·k)]	吸水率 (%)
		抗压	抗拉	抗弯				
花岗岩	26~28	110~180	13~20	8.5~15	42~68	1.73~2.27	3.26	<1
石灰岩	22~27	140~220	7~15	1.8~19	28~100	2.08~2.09	1.63	2~5
大理岩	26~27	70~100	7~11	6~16	28~88	2.01~3.12	3.26	<1
砂岩	22~25	47~140	8.5~18	3.5~14	7~54	2.78~3.46	1.63	10
板岩	27~28	98~210	—	49~78	98~113	3.22	—	<1

附录 B 混凝土性能参数

混凝土强度标准值(MPa)　　　　　　　　　　　　　　　附表 B-1

强度种类	混凝土强度等级							
	C15	C20	C25	C30	C35	C40	C45	C50
轴心抗压强度 f_{ck}	10	13.4	16.7	20.1	23.4	26.8	29.6	32.4
弯曲抗压强度 f_{cmk}	11	15	18.5	22	26	29.5	32.5	36
轴心抗拉强度 f_{ctk}	1.27	1.54	1.78	2.01	2.2	2.39	2.51	2.64

注：1. 混凝土垂直浇筑，且一次浇筑层高度大于1.5m时，表中强度值应乘以系数0.9。
　　2. 计算现浇钢筋混凝土轴心受压构件时，截面中的边长或直径小于30cm，表中强度值应乘以系数0.8。

混凝土强度设计值(MPa)　　　　　　　　　　　　　　　附表 B-2

强度种类	混凝土强度等级							
	C15	C20	C25	C30	C35	C40	C45	C50
轴心抗压 f_{cd}	7.2	9.6	11.9	14.3	16.7	19.1	21.1	23.1
弯曲抗压 f_{cmd}	8.5	11	13.5	16.5	19	21.5	24	27.5
轴心抗拉 f_{ctd}	0.91	1.10	1.27	1.43	1.57	1.71	1.80	1.89

混凝土极限强度(MPa)　　　　　　　　　　　　　　　附表 B-3

强度种类	混凝土强度等级							
	C15	C20	C25	C30	C35	C40	C45	C50
抗压强度 R_a	12.0	15.5	19.0	22.5	26.3	29.5	33.6	36.5
弯曲抗压强度 R_w	15.0	19.4	23.6	28.1	32.9	36.9	42	45.6
抗拉强度 R_l	1.4	1.7	2.0	2.2	2.5	2.7	2.9	3.1

注：片石混凝土的抗压极限强度可采用表中数值。

混凝土弹性模量　　　　　　　　　　　　　　　　　　附表 B-4

混凝土强度等级	C15	C20	C25	C30	C40	C50
弹性模量 E_c(GPa)	22	25.5	28	30	32.5	34.5

注：混凝土的受压弹性模量 E_c 可按照本表采用。混凝土的剪切弹性模量可按照本表中的数值乘以0.43采用。混凝土的泊松比可采用0.2，当温度在 0~100℃ 范围内时，混凝土线膨胀系数可采用 1×10^{-5}/℃。

喷射混凝土的强度设计值(MPa)　　　　　　　　　　　附表 B-5

强度种类	喷射混凝土强度等级		
	C20	C25	C30
轴心抗压	9.6	11.9	14.3
弯曲抗压	11.0	13.5	16.5
抗拉	1.1	1.27	1.43

喷射混凝土弹性模量(MPa)　　　　　　　　　　　附表 B-6

强度等级	弹性模量
C20	23000
C25	26000
C30	28000

附录 C 钢材性能参数

钢筋抗拉和抗压强度设计值与标准值　　　　　　　　　　　　　　附表 C-1

钢筋种类	HPB235	HRB335	HRB400
抗拉强度标准值 f_{stk}	235	335（$d=8\sim25$mm） 315（$d=28\sim40$mm）	400（$d=6\sim50$mm）
抗拉强度设计值 f_{std}	188	268	330
抗压强度设计值 f_{sck}	188	268	330

钢筋计算截面积及理论计算表　　　　　　　　　　　　　　　　　附表 C-2

直径 d(cm)	计算截面面积(mm²)	理论质量(kg/m)	直径 d(cm)	计算截面面积(mm²)	理论质量(kg/m)
6	28.3	0.222	20	314.2	2.47
6.5	33.2	0.260	22	380.1	2.98
8	50.3	0.395	25	490.9	3.85
10	78.5	0.617	28	615.8	4.83
12	113.1	0.888	32	804.2	6.31
14	153.9	1.21	36	1017.9	7.99
16	201.1	1.58	40	1256.6	9.87
18	254.5	2.00	50	1964	15.42

热轧普通工字钢参数表　　　　　　　　　　　　　　　　　　　　附表 C-3

型号	截面尺寸(mm)						截面面积(cm²)	理论质量(kg/m)	截面特性参数						
									$X-X$				$Y-Y$		
	h	b	d	t	r	r_1			I_x(cm⁴)	W_x(cm³)	i_x(cm)	I_x,S_X	I_Y(cm⁴)	W_Y(cm³)	i_Y(cm)
I10	100	68	4.5	7.6	6.5	3.3	14.345	11.261	245	49	4.14	8.59	33	9.72	1.52
I12.6	126	74	5.0	8.4	7.0	3.5	18.118	14.223	188	77.5	5.20	10.80	46.9	12.7	1.61
I14	140	80	5.5	9.1	7.5	3.8	21.516	16.890	712	102	5.76	12.00	64.4	16.1	1.73
I16	160	88	6.0	9.9	8.0	4.0	26.131	20.513	1130	141	6.58	13.80	93.1	21.2	1.89
I18	180	94	6.5	10.7	8.5	4.3	30.756	24.143	1660	185	7.36	15.40	122	26.0	2.00
I20a	200	100	7.0	11.4	9.0	4.5	35.578	27.929	2370	237	8.15	17.20	158	31.5	2.12
I20b	200	102	9.0	11.4	9.0	4.5	39.578	31.069	2500	250	7.96	16.90	169	33.1	2.06
I22a	220	110	7.5	12.3	9.5	4.8	42.128	33.070	3400	309	8.99	18.90	225	40.9	2.31
I22b	220	112	9.5	12.3	9.5	4.8	46.528	36.524	3570	325	8.78	18.70	239	42.7	2.27
I25a	250	116	8.0	13.0	10.0	5.0	48.541	38.105	5020	402	10.20	21.60	280	48.3	2.40
I25b	250	118	10.0	13.0	10.0	5.0	53.541	42.030	5280	423	9.94	21.30	309	52.4	2.40
I28a	280	122	8.5	13.7	10.5	5.3	55.404	43.492	7110	508	11.30	24.60	345	56.6	2.50

续上表

型号	截面尺寸(mm)					截面面积 (cm^2)	理论质量 (kg/m)	截面特性参数					
								$X-X$				$Y-Y$		
	h	b	d	t	r	r_1			I_x (cm^4)	W_x (cm^3)	i_x (cm)	I_x, S_X	I_Y (cm^4)	W_Y (cm^3)	i_Y (cm)
I32a	320	130	9.5	15.0	11.5	5.8	67.156	52.747	11100	692	12.80	27.50	460	70.8	2.62
I32b	320	132	11.5	15.0	11.5	5.8	73.556	57.741	11600	726	12.60	27.10	502	76.0	2.61
I32c	320	134	13.5	15.0	11.5	5.8	79.956	62.765	12200	760	12.30	26.80	544	81.2	2.61
I36a	360	136	10.0	15.8	12.0	6.0	76.480	60.037	15800	875	14.40	30.70	552	81.2	2.69
I36b	360	138	12.0	15.8	12.0	6.0	83.680	65.689	16500	919	14.10	30.30	582	84.3	2.64
I36c	360	140	14.0	15.8	12.0	6.0	90.880	71.341	17300	962	13.80	29.90	612	87.4	2.60
I40a	400	142	10.5	16.5	12.5	6.3	86.112	37.598	21700	1090	15.90	34.10	660	93.2	2.77
I40b	400	144	12.5	16.5	12.5	6.3	94.112	73.878	22800	1140	15.60	33.60	692	96.2	2.71
I40c	400	146	14.5	16.5	12.5	6.3	102.112	80.158	23900	1190	15.20	33.20	727	99.6	2.65
I45a	450	150	11.5	18.0	13.5	6.8	102.446	80.420	32200	1430	17.70	38.60	855	114.0	2.89
I45b	450	152	13.5	18.0	13.5	6.8	111.446	87.485	33800	1500	17.40	38.00	894	118.0	2.84
I45c	450	154	15.5	18.0	13.5	6.8	120.446	94.550	35300	1570	17.10	37.60	938	122.0	2.79
I50a	500	158	12.0	20.0	14.0	7.0	119.304	93.654	46500	1860	19.70	42.80	1120	142.0	3.07
I50b	500	160	14.0	20.0	14.0	7.0	129.304	104.504	48600	1940	19.40	42.40	1170	146.0	3.01
I50c	500	162	16.0	20.0	14.0	7.0	139.304	109.354	50600	2080	19.00	41.80	1220	151.0	2.96
I56a	560	166	12.5	21.0	14.5	7.3	135.435	106.316	65600	2340	22.00	47.70	1370	165.0	3.18
I56b	560	168	14.5	21.0	14.5	7.3	146.635	115.108	68500	2450	21.60	47.20	1490	174.0	3.16
I56c	560	170	16.5	21.0	14.5	7.3	157.835	123.900	71400	2550	21.30	46.70	1560	183.0	3.16
I63a	630	176	13.0	22.0	15.0	7.5	154.658	121.407	93900	2980	24.50	54.20	1700	193.0	3.31
I63b	630	178	15.0	22.0	15.0	7.5	167.258	131.298	98100	3000	24.20	53.50	1810	204.0	3.29
I63c	630	180	17.0	22.0	15.0	7.5	179.858	141.189	102000	3300	23.30	52.90	1920	214.0	3.27

工字钢的截面图及标注符号如附图 C-1 所示。

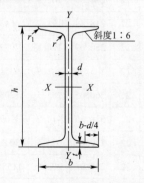

附图 C-1 工字钢的截面图及标注符号

h-高度;b-腿高度;d-腰厚度;t-平均腿厚度;r-内圆弧半径;r_1-腿端圆弧半径

宽翼缘 H 型钢截面特性参数表

附表 C-4

类别	型号(高×宽)	截面尺寸(mm)					截面面积(cm²)	理论质量(kg/m)	截面特性参数					
									惯性矩(cm⁴)		惯性半径(cm)		截面模数(cm³)	
		H	B	T_1	t_2	R			I_x	I_Y	i_x	i_Y	W_x	W_Y
HW	100×100	100	100	6	8	8	21.59	16.9	386	134	4.23	2.49	77.1	26.7
	125×125	125	125	6.5	9	8	30	23.6	843	293	5.3	3.13	135	46.9
	150×150	150	150	7	10	8	39.65	31.1	1620	563	6.39	3.77	216	75.1
	175×175	175	175	7.5	11	13	51.43	40.4	2918	983	7.53	4.37	334	112
	200×200	200	200	8	12	13	63.53	49.9	4717	1601	8.62	5.02	472	160
		200	204	12	12	13	71.53	56.2	4984	1701	8.35	4.88	498	167
	250×250	244	252	11	11	13	81.31	63.8	8573	2937	10.27	6.01	703	233
		250	250	9	14	13	91.43	71.8	10689	3648	10.81	6.32	855	292
		250	255	14	14	13	103.93	81.6	11340	3875	10.45	6.11	907	304
	300×300	294	302	12	12	13	106.33	83.5	16384	5513	12.41	7.2	1115	365
		300	300	10	15	13	118.45	93.0	20010	6753	13	7.55	1334	450
		300	305	15	15	13	133.45	104.8	21135	7102	12.58	7.29	1409	466
	350×350	338	351	13	13	13	133.27	104.6	27352	9376	14.33	8.39	1618	534
		344	348	10	16	13	144.01	113.0	32545	11242	15.03	8.84	1892	646
		344	354	16	16	13	164.65	129.3	34581	11841	14.49	8.48	2011	669
		350	350	12	19	13	171.89	134.9	39637	13582	15.19	8.89	2265	776
		350	357	19	19	13	196.39	154.2	42138	14427	14.65	8.57	2408	808
	400×400	388	402	15	15	22	178.45	140.1	48040	16255	16.41	9.54	2476	809
		394	398	11	18	22	186.81	146.6	55597	18920	17.25	10.06	2822	951
		394	405	18	18	22	214.39	168.3	59165	19951	16.61	9.65	3003	985
		400	400	13	21	22	218.69	171.7	66455	22410	17.43	10.12	3323	1120
		400	408	21	21	22	250.69	196.8	70722	23804	16.8	9.74	3536	1167
		414	405	18	28	22	295.39	231.9	93518	31022	17.79	10.25	4518	1532
		428	407	20	35	22	360.65	283.1	12089	39357	18.31	10.45	5649	1934
		458	417	30	50	22	528.55	414.9	19093	60516	19.01	10.7	8338	2902
		498	432	45	70	22	770.05	604.5	30473	94346	19.89	11.07	12238	4368
	500×500	492	465	15	20	22	257.95	202.5	115559	33531	21.17	11.4	4698	1442
		502	465	15	25	22	304.45	239.0	145012	41910	21.82	11.73	5777	1803
		502	470	20	25	22	329.55	258.7	150283	43295	21.35	11.46	5987	1842

续上表

类别	型号 (高×宽)	截面尺寸(mm)					截面 面积 (cm^2)	理论 质量 (kg/m)	截面特性参数					
									惯性矩(cm^4)		惯性半径(cm)		截面模数(cm^3)	
		H	B	T_1	t_2	R			I_x	I_Y	i_x	i_Y	W_x	W_Y
HM	150×100	148	100	6	9	8	26.35	20.7	995.3	150.3	6.15	2.39	134.5	30.1
	200×150	194	150	6	9	8	38.11	29.9	2586	506.6	8.24	3.65	266.6	67.6
	250×175	244	175	7	11	13	55.49	43.6	5908	983.5	10.32	4.21	484.3	112.4
	300×200	294	200	8	12	13	71.05	55.8	10858	1602	12.36	4.75	738.6	160.2
	350×250	340	250	9	14	13	99.53	78.1	20867	3648	14.48	6.05	1227	291.9
	400×300	390	300	10	16	13	133.25	104.6	37363	7203	16.75	7.35	1916	480.2
	450×300	440	300	11	18	13	153.89	120.8	54067	8105	18.74	7.26	2458	540.3
	500×300	482	300	11	15	13	141.17	110.8	57212	6756	20.13	6.92	2374	450.4
		488	300	11	18	13	159.17	124.9	67916	8106	20.66	7.14	2783	540.4
	550×300	544	300	11	15	13	147.99	116.2	74874	6756	22.49	6.76	2753	450.4
		550	300	11	18	13	165.99	130.3	88470	8106	23.09	6.99	3217	540.4
	600×300	582	300	12	17	13	169.21	132.8	97287	7659	23.98	6.73	3343	510.6
		588	300	12	20	13	187.21	147.0	112827	9009	24.55	6.94	3838	600.6
		594	302	14	23	13	217.09	170.4	132179	10572	24.68	6.98	4450	700.1
HN	100×50	100	50	5	7	8	11.85	9.3	191	14.7	4.02	1.11	38.2	5.9
	125×60	125	60	6	8	8	16.69	13.1	407.7	29.1	4.94	1.32	65.2	9.7
	150×75	150	75	5	7	8	17.85	14.0	645.7	49.4	6.01	1.66	86.1	13.2
	175×90	175	90	5	8	8	22.9	18.0	1174	97.6	7.16	2.06	134.2	21.6
	200×100	198	99	4.5	7	8	22.69	17.8	1484	113.4	8.09	2.24	149.9	22.9
		200	100	5.5	8	8	26.67	20.9	1753	133.7	8.11	2.24	175.3	26.7
	250×125	248	124	5	8	8	31.99	25.1	3346	254.5	10.23	2.82	269.8	41.1
		250	125	6	9	8	36.97	29.0	3868	293.5	10.23	2.82	309.4	47
	300×150	298	149	5.5	8	13	40.8	32.0	5911	441.7	12.04	3.29	396.7	59.3
		300	150	6.5	9	13	46.78	36.7	6829	507.2	12.08	3.29	455.3	67.6
	350×175	346	174	6	9	13	52.45	41.2	10456	791.1	14.12	3.88	604.4	90.9
		350	175	7	11	13	62.91	49.4	12980	983.8	14.36	3.95	741.7	112.4
	400×150	400	150	8	13	13	70.37	55.2	17906	733.2	15.95	3.23	895.3	97.8
	400×200	396	199	7	11	13	71.41	56.1	19023	1446	16.32	4.5	960.8	145.3
		400	200	8	13	13	83.37	65.4	22775	1735	16.53	4.56	1139	173.5
	450×200	446	199	8	12	13	82.97	65.1	27146	1578	18.09	4.36	1217	158.6
		450	200	9	14	13	95.43	74.9	31973	1870	18.3	4.43	1421	187

续上表

类别	型号(高×宽)	截面尺寸(mm)					截面面积(cm^2)	理论质量(kg/m)	截面特性参数					
									惯性矩(cm^4)		惯性半径(cm)		截面模数(cm^3)	
		H	B	T_1	t_2	R			I_x	I_Y	i_x	i_Y	W_x	W_Y
HN	500×200	496	199	9	14	13	99.29	77.9	39628	1842	19.98	4.31	1598	185.1
		500	200	10	16	13	112.25	88.1	45685	2138	20.17	4.36	1827	213.8
		506	201	11	19	13	129.31	101.5	54478	2577	20.53	4.46	2153	256.4
	550×200	546	199	9	14	13	103.79	81.5	49245	1842	21.78	4.21	1804	185.2
		550	200	10	16	13	149.25	117.2	79515	7205	23.08	6.95	2891	480.3
	600×200	596	199	10	15	13	117.75	92.4	64739	1975	23.45	4.1	2172	198.5
		600	200	11	17	13	131.71	103.4	73749	2273	23.66	4.15	2458	227.3
		606	201	12	20	13	149.77	117.6	86656	2716	24.05	4.26	2860	270.2
	650×300	646	299	10	15	13	152.75	119.9	107794	6688	26.56	6.62	3337	447.4
		650	300	11	17	13	171.21	134.4	122739	7657	26.77	6.69	3777	510.5
		656	301	12	20	13	195.77	153.7	144433	9100	27.16	6.82	4403	604.6
	700×300	692	300	13	20	18	207.54	162.9	164101	9014	28.12	6.59	4743	600.9
		700	300	13	24	18	231.54	181.8	193622	10814	28.92	6.83	5532	720.9
	750×300	734	299	12	16	18	182.7	143.4	155539	7140	29.18	6.25	4238	477.6
		742	300	13	20	18	214.04	168.0	191989	9015	29.95	6.49	5175	601
		750	300	13	24	18	238.04	186.9	225863	10815	30.8	6.74	6023	721
		758	303	16	28	18	284.78	223.6	271350	13008	30.87	6.76	7160	858.6
	800×300	792	300	14	22	18	239.5	188.0	242399	9919	31.81	6.44	6121	661.3
		800	300	14	26	18	263.5	206.8	280925	11719	32.65	6.67	7023	781.3
	850×300	834	298	14	19	18	227.46	178.6	243858	8400	32.74	6.08	5848	563.8
		842	299	15	23	18	259.72	203.9	291216	10271	33.49	6.29	6917	687
		850	300	16	27	18	292.14	229.3	339670	12179	34.1	6.46	7992	812
		858	301	17	31	18	324.72	254.9	389234	14125	34.62	6.6	9073	938.5
	900×300	890	299	15	23	18	266.92	209.5	330588	10273	35.19	6.2	7429	687.1
		900	300	16	28	18	305.82	240.1	397241	12631	36.04	6.43	8828	842.1
		912	302	18	34	18	360.06	282.6	484615	15652	36.69	6.59	10628	1037
	1000×300	970	297	16	21	18	276	216.7	382977	9203	37.25	5.77	7896	619.7
		980	298	17	26	18	315.5	247.7	462157	11508	38.27	6.04	9432	772.3
		990	298	17	31	18	345.3	271.1	535201	13713	39.37	6.3	10812	920.3
		1000	300	19	36	18	395.1	310.2	626396	16256	39.82	6.41	12528	1084
		1008	302	21	40	18	439.26	344.8	704572	18437	40.05	6.48	13980	1221

续上表

类别	型号 (高×宽)	截面尺寸(mm)					截面 面积 (cm²)	理论 质量 (kg/m)	截面特性参数					
									惯性矩(cm⁴)		惯性半径(cm)		截面模数(cm³)	
		H	B	T_1	t_2	R			I_x	I_Y	i_x	i_Y	W_x	W_Y
HT	100×50	95	48	3.2	4.5	8	7.62	6.0	109.7	8.4	3.79	1.05	23.1	3.5
		97	49	4	5.5	8	9.38	7.4	141.8	10.9	3.89	1.08	29.2	4.4
	100×100	96	99	4.5	6	8	16.21	12.7	272.7	97.1	4.1	2.45	56.8	19.6
	125×60	118	58	3.2	4.5	8	9.26	7.3	202.4	14.7	4.68	1.26	34.3	5.1
		120	59	4	5.5	8	11.4	8.9	259.7	18.9	4.77	1.29	43.3	6.4
	125×125	119	123	4.5	6	8	20.12	15.8	523.6	186.2	5.1	3.04	888	30.3
	150×75	145	73	3.2	4.5	8	11.47	9.0	383.2	29.3	5.78	1.6	52.9	8
		147	74	4	5.5	8	14.13	11.1	488	37.3	5.88	1.62	66.4	10.1
	150×100	139	97	3.2	4.5	8	13.44	10.5	447.3	68.5	5.77	2.26	64.4	14.1
		142	99	4.5	6	8	18.28	14.3	632.7	97.2	5.88	2.31	89.1	19.6
	150×150	144	148	5	7	8	27.77	21.8	1070	378.4	6.21	3.69	148.6	51.1
		147	149	6	8.5	8	33.68	26.4	1338	468.9	6.3	3.73	182.1	62.9
	175×90	168	88	3.2	4.5	8	13.56	10.6	619.6	51.2	6.76	1.94	73.8	11.6
		171	89	4	6	8	17.59	13.8	852.1	70.6	6.96	2	99.7	15.9
	175×175	167	173	5	7	13	33.32	26.2	1731	604.5	7.21	4.26	207.2	69.9
		172	175	6.5	9.5	13	44.65	35.0	2466	849.2	7.43	4.36	286.8	97.1
	200×100	193	98	3.2	4.5	8	15.26	12.0	921	70.7	7.77	2.15	95.4	14.4
		196	99	4	6	8	19.79	15.5	1260	97.2	7.98	2.22	128.6	19.6
	200×150	188	149	4.5	6	8	26.35	20.7	1669	331	7.96	3.54	177.6	44.4
	200×200	192	198	6	6	13	43.69	34.3	2984	1036	8.26	4.87	310.8	104.6
	250×125	244	124	4.5	4.5	8	25.87	20.3	2529	190.9	9.89	2.72	207.3	30.8
	250×175	238	173	4.5	4.5	13	39.12	30.7	4045	690.8	10.17	4.2	339.9	79.9
	300×150	294	148	4.5	4.5	13	31.9	25.0	4342	324.6	11.67	3.19	295.4	43.9
	300×200	286	198	6	6	13	49.33	38.7	7000	1036	11.91	4.58	489.5	104.6
	350×175	340	173	4.5	4.5	13	36.97	29.0	6823	518.3	13.58	3.74	401.3	59.9
	400×150	390	148	6	6	13	47.57	37.3	10900	433.2	15.14	3.02	559	58.5
	400×200	390	198	6	6	13	55.57	43.6	13819	1036	15.77	4.32	708.7	104.6

H 型钢的截面图及标注符号如附图 C-2 所示。

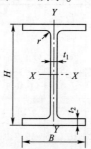

附图 C-2　H 型钢的截面图及标注符号
H-高度；B-宽度；t_1-腹板厚度；t_2-翼缘厚度；r-工艺圆弧半径

附录 D 不同等级围岩物理力学参数

各级岩质围岩的基本物理力学参数　　　　　　　　　　　附表 D-1

围岩级别		重度 γ (kN/m³)	弹性抗力系数 k (MPa/m)	变形模量 E (GPa)	泊松比 μ	内摩擦角 $\varPhi$ (°)	黏聚力 c (MPa)	计算摩擦角 $\varPhi_c$ (°)
基本级别	亚级							
Ⅰ	—	26~28	1800~2800	>33	<0.2	>60	>2.1	>78
Ⅱ	—	25~27	1200~1800	20~33	0.2~0.25	50~60	1.5~2.1	70~78
Ⅲ	Ⅲ₁	24~25	850~1200	10.7~20	0.25~0.26	44~50	1.1~2.1	65~70
	Ⅲ₂	23~24	500~850	7~10.7	0.26~0.3	39~44	0.7~1.1	60~65
Ⅳ	Ⅳ₁	22~23	400~500	3.8~7	0.3~0.31	35~39	0.5~0.7	57~60
	Ⅳ₂	21~22	300~400	2.4~3.8	0.31~0.33	30~35	0.3~0.5	54~57
	Ⅳ₃	20~21	200~300	1.3~2.4	0.33~0.35	27~30	0.2~0.3	50~54
Ⅴ	Ⅴ₁	18~20	150~200	1.3~2	0.35~0.39	22~27	0.12~0.2	45~50
	Ⅴ₂	17~18	100~150	1~1.3	0.39~0.45	20~22	0.05~0.12	40~45

附录 E ANSYS 台阶法开挖模拟命令流

1. 材料、实常数和单元类型定义
/TITLE,Mechanical analysis on railway tunnel 1nd lining   !确定分析标题
/NOPR   !菜单过滤设置
/PMETH,OFF,0
KEYW,PR_SET,1
KEYW,PR_STRUC,1   !保留结构分析部分菜单
/COM,Preferences for GUI filtering have been set to display:
/COM,   Structural
/PREP7   !进入前处理器
ET,1,PLANE42   !设置实体单元类型
KEYOPT,1,1,0
KEYOPT,1,2,0
KEYOPT,1,3,2   !设置为平面应变模式
KEYOPT,1,5,0
KEYOPT,1,6,0
ET,2,BEAM3   !设置梁单元类型
ET,3,LINK1   !设置杆单元类型
R,1,0.2,0.0008,0.2,,,,   !设置梁单元几何常数
R,2,0.0005,,   !设置杆单元几何常数
MPTEMP,,,,,,,,
MPTEMP,1,0
MPDATA,EX,1,,3.2e9   !输入弹性模量(围岩)
MPDATA,PRXY,1,,0.32   !输入泊松比(围岩)
MPDATA,DENS,1,,2200   !输入密度(围岩)
MPDATA,EX,2,,27.5e9   !输入弹性模量(喷射混凝土)
MPDATA,PRXY,2,,0.2   !输入泊松比(喷射混凝土)
MPDATA,DENS,2,,2500   !输入密度(喷射混凝土)
MPDATA,EX,3,,200e9   !输入弹性模量(锚杆)
MPDATA,PRXY,3,,0.3   !输入泊松比(锚杆)
MPDATA,DENS,3,,7800   !输入密度(锚杆)
SAVE   !保存数据库

2. 建立几何模型

```
K,1,0,0,,            ！创建隧道轮廓线关键点
K,2,5.45,0,,
K,3,0,5.45,,
K,4,-5.45,0,,
K,5,-5.0838,-1.964,,
K,6,0,-4.15,,
K,7,5.0838,-1.964,,
K,8,8.45,0,,         ！创建锚杆加固区域关键点
K,9,0,8.45,,
K,10,-8.45,0,,
K,11,13,0,,
K,12,0,13,,
K,13,-13,0,,
K,14,-13,13,,
K,15,13,13,,
K,16,8.45,-8.45,,
K,17,-8.45,-8.45,,
K,18,-13,-13,,
K,19,13,-13,,
K,20,0,26,,          ！创建计算区域关键点
K,21,13,26,,
K,22,-13,26,,
K,23,-13,-34,,
K,24,13,-34,,
K,25,0,-34,,
K,26,50,-34,,
K,27,-50,-34,,
K,28,-50,26,,
K,29,50,26,,
K,30,50,13,,
K,31,50,0,,
K,32,50,-13,,
K,33,-50,-13,,
K,34,-50,0,,
K,35,-50,13,,
K,36,0,-8.45
K,37,0,-13
```

K,38,2.8653,-3.5371
K,39,-2.8653,-3.5371
SAVE
LARC,2,3,1,5.45,   !* 画隧道轮廓线
LARC,3,4,1,5.45,   !*
LARC,4,5,1,5.45,
LARC,   5,   6,   39   !*
LARC,7,2,1,5.45,
LARC,8,9,1,8.45,   !* 画锚杆加固区域线
LARC,9,10,1,8.45,
LSTR,   1,   2   !* 画其他分割线
LSTR,   1,   3
LSTR,   1,   4
LSTR,   1,   6
LSTR,   2,   8
LSTR,   4,   10
LSTR,   8,   11
LSTR,   11,   15
LSTR,   15,   12
LSTR,   12,   9
LSTR,   12,   14
LSTR,   14,   13
LSTR,   13,   10
LSTR,   10,   17
LSTR,   13,   18
LSTR,   8,   16
LSTR,   11,   19
LSTR,   17,   36
LSTR,   36,   16
LSTR,   6,   36
LSTR,   36,   37
LSTR,   18,   37
LSTR,   37,   19
LSTR,   37,   25
LSTR,   19,   24
LSTR,   18,   23
LSTR,   14,   22
LSTR,   12,   20

LSTR,	15,	21				
LSTR,	22,	20				
LSTR,	20,	21				
LSTR,	23,	25				
LSTR,	25,	24				
LSTR,	24,	26				
LSTR,	19,	32				
LSTR,	11,	31				
LSTR,	15,	30				
LSTR,	21,	29				
LSTR,	22,	28				
LSTR,	14,	35				
LSTR,	13,	34				
LSTR,	18,	33				
LSTR,	23,	27				
LSTR,	26,	32				
LSTR,	32,	31				
LSTR,	31,	30				
LSTR,	30,	29				
LSTR,	27,	33				
LSTR,	33,	34				
LSTR,	34,	35				
LSTR,	35,	28				
LSTR,	3,	9				
LARC,	6,	7,	38	! *		
SAVE				! 保存数据，生成直线。		
Al, 8,	1,	9,		! 采用线创建面,依次创建24个面		
Al, 9,	2,	10,				
Al, 10,	3,	4,	11,			
Al, 11,	60,	5,	8,			
Al, 12,	6,	59,	1,			
Al, 59,	7,	13,	2,			
Al, 27,	26,	23,	12,	5,	60,	
Al, 27,	25,	21,	13,	3,	4,	
Al, 14,	15,	16,	17,	6,		
Al, 17,	7,	20,	19,	18,		
Al, 20,	21,	25,	28,	29,	22,	
Al, 30,	24,	14,	23,	26,	28,	

Al,	39,	31,	29,	33,	
Al,	40,	32,	30,	31,	
Al,	41,	51,	42,	32,	
Al,	42,	52,	43,	24,	
Al,	43,	53,	44,	15,	
Al,	44,	54,	45,	36,	
Al,	16,	35,	38,	36,	
Al,	18,	34,	37,	35,	
Al,	47,	58,	46,	34,	
Al,	48,	57,	47,	19,	
Al,	49,	56,	48,	22,	
Al,	50,	55,	49,	33,	

SAVE   ！保存数据

3.创建网格模型

lesize,1,,,8,,,,,1   ！设置单元大小，即 L1 线划分成 8 个单元
TYPE,   1   ！设置将要创建单元的类型
MAT,   1   ！设置将要创建单元的材料
REAL,   1   ！设置将要创建单元的几何常数

NL	(NDIV)	NL	(NDIV)	NL	(NDIV)	NL	(NDIV)	NL	(NDIV)	NL	(NDIV)
1	8	11	8	21	4	31	5	41	8	51	5
2	8	12	3	22	4	32	5	42	8	52	4
3	2	13	3	23	4	33	5	43	8	53	4
4	6	14	3	24	4	34	4	44	8	54	4
5	2	15	4	25	4	35	4	45	8	55	5
6	8	16	4	26	4	36	4	46	8	56	4
7	8	17	3	27	3	37	4	47	8	57	4
8	8	18	4	28	3	38	4	48	8	58	4
9	8	19	4	29	4	39	4	49	8	59	3
10	8	20	3	30	4	40	4	50	8	60	6

！按照"lesize,1,,,8,,,,,1"格式,将其他 59 条线也进行被划分单元数设置

lesize,2,,,8,,,,,1   ！设置单元大小，即 L1 线划分成 8 个单元
lesize,3,,,2,,,,,1   ！设置单元大小，即 L1 线划分成 8 个单元
lesize,4,,,6,,,,,1   ！设置单元大小，即 L1 线划分成 8 个单元
lesize,5,,,2,,,,,1   ！设置单元大小，即 L1 线划分成 8 个单元

```
lesize,6,,,8,,,,,1              ! 设置单元大小, 即 L1 线划分成 8 个单元
lesize,7,,,8,,,,,1              ! 设置单元大小, 即 L1 线划分成 8 个单元
lesize,8,,,8,,,,,1              ! 设置单元大小, 即 L1 线划分成 8 个单元
lesize,9,,,8,,,,,1              ! 设置单元大小, 即 L1 线划分成 8 个单元
lesize,10,,,8,,,,,1             ! 设置单元大小, 即 L1 线划分成 8 个单元
lesize,11,,,8,,,,,1             ! 设置单元大小, 即 L1 线划分成 8 个单元
lesize,12,,,3,,,,,1             ! 设置单元大小, 即 L1 线划分成 8 个单元
lesize,13,,,3,,,,,1             ! 设置单元大小, 即 L1 线划分成 8 个单元
lesize,14,,,3,,,,,1             ! 设置单元大小, 即 L1 线划分成 8 个单元
lesize,15,,,4,,,,,1             ! 设置单元大小, 即 L1 线划分成 8 个单元
lesize,16,,,4,,,,,1             ! 设置单元大小, 即 L1 线划分成 8 个单元
lesize,17,,,3,,,,,1             ! 设置单元大小, 即 L1 线划分成 8 个单元
lesize,18,,,4,,,,,1             ! 设置单元大小, 即 L1 线划分成 8 个单元
lesize,19,,,4,,,,,1             ! 设置单元大小, 即 L1 线划分成 8 个单元
lesize,20,,,3,,,,,1             ! 设置单元大小, 即 L1 线划分成 8 个单元
lesize,21,,,4,,,,,1             ! 设置单元大小, 即 L1 线划分成 8 个单元
lesize,22,,,4,,,,,1             ! 设置单元大小, 即 L1 线划分成 8 个单元
lesize,23,,,4,,,,,1             ! 设置单元大小, 即 L1 线划分成 8 个单元
lesize,24,,,4,,,,,1             ! 设置单元大小, 即 L1 线划分成 8 个单元
lesize,25,,,4,,,,,1             ! 设置单元大小, 即 L1 线划分成 8 个单元
lesize,26,,,4,,,,,1             ! 设置单元大小, 即 L1 线划分成 8 个单元
lesize,27,,,3,,,,,1             ! 设置单元大小, 即 L1 线划分成 8 个单元
lesize,28,,,3,,,,,1             ! 设置单元大小, 即 L1 线划分成 8 个单元
lesize,29,,,4,,,,,1             ! 设置单元大小, 即 L1 线划分成 8 个单元
lesize,30,,,4,,,,,1             ! 设置单元大小, 即 L1 线划分成 8 个单元
lesize,31,,,5,,,,,1             ! 设置单元大小, 即 L1 线划分成 8 个单元
lesize,32,,,5,,,,,1             ! 设置单元大小, 即 L1 线划分成 8 个单元
lesize,33,,,5,,,,,1             ! 设置单元大小, 即 L1 线划分成 8 个单元
lesize,34,,,4,,,,,1             ! 设置单元大小, 即 L1 线划分成 8 个单元
lesize,35,,,4,,,,,1             ! 设置单元大小, 即 L1 线划分成 8 个单元
lesize,36,,,4,,,,,1             ! 设置单元大小, 即 L1 线划分成 8 个单元
lesize,37,,,4,,,,,1             ! 设置单元大小, 即 L1 线划分成 8 个单元
lesize,38,,,4,,,,,1             ! 设置单元大小, 即 L1 线划分成 8 个单元
lesize,39,,,4,,,,,1             ! 设置单元大小, 即 L1 线划分成 8 个单元
lesize,40,,,4,,,,,1             ! 设置单元大小, 即 L1 线划分成 8 个单元
lesize,41,,,8,,,,,1             ! 设置单元大小, 即 L1 线划分成 8 个单元
lesize,42,,,8,,,,,1             ! 设置单元大小, 即 L1 线划分成 8 个单元
lesize,43,,,8,,,,,1             ! 设置单元大小, 即 L1 线划分成 8 个单元
```

lesize,44,,,8,,,,,1	!设置单元大小,即L1线划分成8个单元
lesize,45,,,8,,,,,1	!设置单元大小,即L1线划分成8个单元
lesize,46,,,8,,,,,1	!设置单元大小,即L1线划分成8个单元
lesize,47,,,8,,,,,1	!设置单元大小,即L1线划分成8个单元
lesize,48,,,8,,,,,1	!设置单元大小,即L1线划分成8个单元
lesize,49,,,8,,,,,1	!设置单元大小,即L1线划分成8个单元
lesize,50,,,8,,,,,1	!设置单元大小,即L1线划分成8个单元
lesize,51,,,5,,,,,1	!设置单元大小,即L1线划分成8个单元
lesize,52,,,4,,,,,1	!设置单元大小,即L1线划分成8个单元
lesize,53,,,4,,,,,1	!设置单元大小,即L1线划分成8个单元
lesize,54,,,4,,,,,1	!设置单元大小,即L1线划分成8个单元
lesize,55,,,5,,,,,1	!设置单元大小,即L1线划分成8个单元
lesize,56,,,4,,,,,1	!设置单元大小,即L1线划分成8个单元
lesize,57,,,4,,,,,1	!设置单元大小,即L1线划分成8个单元
lesize,58,,,4,,,,,1	!设置单元大小,即L1线划分成8个单元
lesize,59,,,3,,,,,1	!设置单元大小,即L1线划分成8个单元
lesize,60,,,6,,,,,1	!设置单元大小,即L1线划分成8个单元
AMAP,1,1,2,3,	!划分面1,依次单击关键点1,2,3进行映射
AMAP,2,1,3,4,	
AMAP,3,1,4,6,	
AMAP,4,6,2,1,	!面1到4,为隧道内开挖土体
AMAP,5,2,8,9,3	!面1到4,为隧道内开挖土体
AMAP,6,3,9,10,4	
AMAP,7,6,36,8,2	
AMAP,8,4,10,36,6	
AMAP,9,8,11,12,9	!采用映射划分中心区域其他面
AMAP,10,9,12,13,10	
AMAP,11,10,13,37,36	
AMAP,12,36,37,11,8	
amesh,13,24,1	!划分周边区域面
SAVE	!存储数据
TYPE, 2	!设置将要创建单元的类型
MAT, 2	!设置将要创建单元的材料
REAL, 1	!设置将要创建单元的几何常数
!通过两个节点创建梁单元	
E, 2,11	
E,11,12	

E,12,13
E,13,14
E,14,15
E,15,16
E,16,17
E,17,10
E,10,63
E,63,64
E,64,65
E,65,66
E,66,67
E,67,68
E,68,69
E,69,62
E,62,115
E,115,114
E,114,117
E,117,118
E,118,119
E,119,120
E,120,121
E,121,116
E,116,167
E,167,168
E,168,169
E,169,170
E,170,171
E,171,166
E,166,172
E,172,2
TYPE,   3   ！设置将要创建单元的类型
MAT,   3   ！设置将要创建单元的材料
REAL,   2   ！设置将要创建单元的几何常数
！通过两个节点创建梁单元
E,2,211
E,211,212
E,212,210
E,11,223

E,223,230
E,230,214
E,12,224
E,224,231
E,231,215
E,13,225
E,225,232
E,232,216
E,14,226
E,226,233
E,233,217
E,15,227
E,227,234
E,234,218
E,16,228
E,228,235
E,235,219
E,17,229
E,229,236
E,236,220
E,10,221
E,221,222
E,222,213
E,63,247
E,247,254
E,254,238
E,64,248
E,248,255
E,255,239
E,65,249
E,249,256
E,256,240
E,66,250
E,250,257
E,257,241
E,67,251
E,251,258
E,258,242

E,68,252
E,252,259
E,259,243
E,69,253
E,253,260
E,260,244
E,62,245
E,245,246
E,246,237
Finish

4.加载与自重应力场求解
/SOL   !进入求解器
Time,1
NSEL,S,LOC,X,-50.1,-49.9
NSEL,A,LOC,X,49.9,50.1
d,all,ux,0   !在选择的节点上施加"Ux"约束
Allsel   !选择所有内容
NSEL,S,LOC,Y,-34.1,-33.9
d,all,uy,0   !在选择的节点上施加"Uy"约束
施加重力加速度。
ACEL,0,10,0,   !在Y方向施加重力加速度
SAVE   !施加位移约束和自重应力场
NROPT,FULL, ,   !采用全牛顿—拉普森法进行求解
Allsel   !选择所有内容
ESEL,S,TYPE,,2   !选择2类单元
ESEL,A,TYPE,,3   !选择3类单元
Ekill,all   !对选择的单元给予"死属性"
Allsel   !选择所有内容
Solve   !求解计算
Finish   !求解结束返回 Main Menu 主菜单
SAVE

5.自重应力场后处理
上台阶开挖模拟分析
/post1
Finish   !求解结束返回 Main Menu 主菜单
/SOL   !进入求解器
Time,2
Allsel   !选择所有内容

!ANTYPE,,REST,1,1,0	!重新启动求解器
ASEL,S, , ,1,2,1	!选择上台阶面
ESLA,R	!选择上台阶土体单元
Ekill,all	!对选择的单元给予"死属性"
Allsel	!选择所有内容
lsel,s,,,1,2,1,	
NSLL,R,1	
ESLN,R	
ESEL,R,TYPE,,2	!选择2类单元
ESEL,A,TYPE,,3	!选择3类单元
Ealive,all	!对选择的单元给予"生属性"
施加节点荷载	
FINISH	
/POST1	!进入后处理器
Allsel	!选择所有内容
ESEL,S, , ,	!人工手动选择开挖土体周围的一圈单元
NFORCE,ALL	!对选择的节点求解节点力
FINISH	
/sol	!进入求解器
f,1,fx,4.37E−09	!施加 X 方向集中力
f,2,fx,−1.41E+05	
f,3,fx,−67.92	
f,4,fx,−201.3	
f,5,fx,−357.9	
f,6,fx,−499.4	
f,7,fx,−616.4	
f,8,fx,−664.6	
f,9,fx,−617.6	
f,10,fx,6.73E−05	
f,11,fx,−2.70E+05	
f,12,fx,−2.44E+05	
f,13,fx,−2.11E+05	
f,14,fx,−1.73E+05	
f,15,fx,−1.32E+05	
f,16,fx,−8.90E+04	
f,17,fx,−4.47E+04	
f,62,fx,1.41E+05	
f,63,fx,4.47E+04	

f,64,fx,8.90E+04
f,65,fx,1.32E+05
f,66,fx,1.73E+05
f,67,fx,2.11E+05
f,68,fx,2.44E+05
f,69,fx,2.70E+05
f,70,fx,67.92
f,71,fx,201.3
f,72,fx,357.9
f,73,fx,499.4
f,74,fx,616.4
f,75,fx,664.6
f,76,fx,617.6
f,1,fy,3.90E+05   ！施加 Y 方向集中力
f,2,fy,1.66E+05
f,3,fy,3.90E+05
f,4,fy,3.90E+05
f,5,fy,3.90E+05
f,6,fy,3.90E+05
f,7,fy,3.90E+05
f,8,fy,3.90E+05
f,9,fy,3.90E+05
f,10,fy,−4.82E+05
f,11,fy,−1.12E+05
f,12,fy,−2.13E+05
f,13,fy,−2.98E+05
f,14,fy,−3.67E+05
f,15,fy,−4.18E+05
f,16,fy,−4.54E+05
f,17,fy,−4.75E+05
f,62,fy,1.66E+05
f,63,fy,−4.75E+05
f,64,fy,−4.54E+05
f,65,fy,−4.18E+05
f,66,fy,−3.67E+05
f,67,fy,−2.98E+05
f,68,fy,−2.13E+05
f,69,fy,−1.12E+05

f,70,fy,3.90E+05
f,71,fy,3.90E+05
f,72,fy,3.90E+05
f,73,fy,3.90E+05
f,74,fy,3.90E+05
f,75,fy,3.90E+05
f,76,fy,3.90E+05
上台阶开挖求解
Allsel   !选择所有内容
Solve   !求解计算
Finish   !求解结束返回 Main Menu 主菜单
SAVE

6.上台阶开挖模拟分析后处理
/post1
PLNSOL,U,Y,0,1   !Y 方向位移
PLNSOL,S,Y,0,1   !Y 方向应力
Finish   !求解结束返回 Main Menu 主菜单
SAVE
下台阶开挖模拟分析
/SOL   !进入求解器
Time,3
Allsel   !选择所有内容
!ANTYPE,,REST,2,1,0   !重新启动求解器
ASEL,S,,,3,4,1   !选择下台阶面
ESLA,R   !选择下台阶土体单元
Ekill,all   !对选择的单元给予"死属性"
进行喷锚支护,即激活喷射混凝土衬砌梁单元和锚杆杆单元
Allsel   !选择所有内容
ESEL,S,TYPE,,2
ESEL,A,TYPE,,3
Ealive,all
上台阶土体开挖。
Allsel   !选择所有内容
ASEL,S,,,1,2,1   !选择下台阶面
ESLA,R   !选择下台阶土体单元
Ekill,all   !对选择的单元给予"死属性"
施加节点荷载
节点力计算

```
FINISH
/POST1                   ! 进入后处理器
Allsel                   ! 选择所有内容
ESEL,S, , ,              ! 人工手动选择开挖土体周围的一圈单元
NFORCE,ALL               ! 对选择的节点求解节点力
FINISH
/sol                     ! 进入求解理器
f,114,fx,6.46E+04        ! 施加 X 方向节点力
f,115,fx,1.59E+05
f,116,fx,0.00E+00
f,117,fx,1.03E+05
f,118,fx,8.16E+04
f,119,fx,6.19E+04
f,120,fx,4.06E+04
f,121,fx,2.02E+04
f,166,fx,-6.46E+04
f,167,fx,-2.02E+04
f,168,fx,-4.06E+04
f,169,fx,-6.19E+04
f,170,fx,-8.16E+04
f,171,fx,-1.03E+05
f,172,fx,-1.59E+05
f,114,fy,1.58E+05        ! 施加 Y 方向节点力
f,115,fy,3.81E+05
f,116,fy,2.56E+05
f,117,fy,2.80E+05
f,118,fy,2.31E+05
f,119,fy,2.42E+05
f,120,fy,2.49E+05
f,121,fy,2.55E+05
f,166,fy,1.58E+05
f,167,fy,2.55E+05
f,168,fy,2.49E+05
f,169,fy,2.42E+05
f,170,fy,2.31E+05
f,171,fy,2.80E+05
f,172,fy,3.81E+05
下台阶开挖求解
```

Allsel	!选择所有内容
Solve	!求解计算
Finish	!求解结束返回 Main Menu 主菜单
SAVE	

下台阶开挖模拟分析后处理

/post1	
ESEL,S,LIVE	!选择单元
ESEL,R,TYPE,,1	!选择单元
PLNSOL,U,Y,0,1	!Y 方向位移
PLNSOL,S,Y,0,1	!Y 方向应力
PLNSOL,S,1,0,1	!第一应力
PLNSOL,S,3,0,1	!第三应力
PLNSOL,S,EQV,0,1	!等效应力
ESEL,S,TYPE,,2	!选择喷射混凝土梁单元
ETABLE,,SMISC,6	!创建梁单元内力表
ETABLE,,SMISC,12	
ETABLE,,SMISC,1	
ETABLE,,SMISC,7	
ETABLE,,SMISC,2	
ETABLE,,SMISC,8	
PLLS,SMIS6,SMIS12,-0.3,0	!画弯矩图
PLLS,SMIS1,SMIS7,0.2,0	!画轴力图
PLLS,SMIS2,SMIS8,0.2,0	!画剪力图
ESEL,S,TYPE,,3	!选择锚杆杆单元
ETABLE,,SMISC,1	!创建梁单元内力表
PLLS,SMIS1,SMIS1,0.2,0	!画轴力图
SET,LIST	!设置计算步骤
LCDEF,1,1,1,	
LCDEF,3,3,1,	
LCASE,3,	
LCOPER,SUB,1,,,	!将第三步的结果减去第一步的结果
PLDISP,1	!画变形喷射混凝土的图
ESEL,ALL	
ESEL,S,TYPE,,2	
Finish	!求解结束返回 Main Menu 主菜单
SAVE	
/EXIT,ALL	!退出程序,保存所有数据